JN015484

アナリティックマインド

Analytic Mind

Morimoto Miyuki

スポーツ新時代を導く
データ分析の世界

森本美行

TOYOKAN BOOKS

プロローグ

2013年9月8日（現地9月7日）の早朝、地球の裏側アルゼンチンのブエノスアイレスから世界最大規模のスポーツイベントであるオリンピック・パラリンピックが、ここ東京で半世紀ぶりに開催されるというニュースが地球の裏側アルゼンチンのブエノスアイレスから届いた。

歓喜のニュースは朝から日本中のお茶の間の話題を独占した。

五輪開催決定の喜びに沸いたニュースはやがて、東京五輪のエンブレムのコピー、新国立競技場にはじまる新施設の建設費、ゴルフ場の開催コースの変更と次から次へと様々な問題が顕在化していった。

それでも2020年元旦を迎えた時、それら一連の問題は表面上すでに収束し、東京五輪でのメダルの獲得数、インバウンドをはじめとする様々な経済効果への期待など明るい未来しか見えていなかった。

開幕当日7月24日は、自分の誕生日と重なる。この嬉しい偶然に妙にワクワクしていた。

一体誰が、その時点で東京オリンピック・パラリンピックが延期となることを予想しただろう。

このタイミングで起こった100年に一度の新型コロナウイルスによるパンデミック。世界の主要都市の相次ぐ都市封鎖。一瞬映画の中の世界と見間違うような出来事が現実世界で起きた。人が密集する場所において新型コロナウイルスの感染リスクが高まることから、国内のイベントはスポーツ、音楽とジャンルを問わず全て自粛の方向に向かった。日本中、いや世界中のスポーツが止まった。


今回の新型コロナウイルスによるパンデミックの状況考えるにあたり、今から約100年前の1918年に流行った悪性のインフルエンザ、いわゆるスペイン風邪の時と比較してみよう。

当時は今ほどの交通網が発達していなかったにもかかわらず、わずか数か月で当時の推定人口約20億人の四分の一にあたる5億人の人が罹患し、数千万人の命を奪ったとされている。

それから約100年経った今、人口は当時の約4倍の76億人に増え、移動手段も著しく発達した。つまり当時とは比較にならないくらい疫病が広がるリスクが高まったことになる。しかしスペイン風邪以降、SARS、エボラウイルスと幾度となく危険なウイルス感染の状況を迎えたが、当時のようなことは起きなかった。

我々の生きている現代は、石器時代以降のどの時代よりも感染が原因で死ぬ人の割合は減っている。これは、これまでの経験から病原菌に対しての最善の防御手段が情報であることに気づき、情報を元に予防、対応を行ってきたからだ。

『サピエンス全史』の作者で歴史学者、哲学者でもあるユヴァル・ノア・ハラリ氏がアメリカTIME誌に寄稿した「In the Battle Against Coronavirus, Humanity Lacks Leadership」（人類はコロナウイルスといかに闘うべきか―今こそグローバルな信頼と団結を）において「人類が感染症との戦いに勝ち続けてきたのは、病原菌と医師との間の軍拡競争で、病原菌がやみくもなく変異に頼っているのに対して、医師は情報の科学的分析を拠り所にしているからにほかならない」と述べている。

彼の言葉の通り、情報を元にした先端の科学分析とテクノロジーにより、今回の新型コロナウイルス感染症も中長期的には人類と共存する方法が見つかるはずだ。しかし現時点では、感染者数を増やさないこと、そして同時に経済も止めないという相反すること、しかし、我々人類が生きていくために有効な短期的対策を考えることについては、厳しい戦いを強いられている。

今直面しているパンデミックは、我々に困難と同時に様々な示唆を与えている。

人間は予測が大好きだが、必ずしも予測することが上手だとは言えない。実際、未だ地震も、経済危機も、そしてここまでのパンデミックが発生することに関しても予測はできていない。同時に対策の重要性は認識しているが、合理的で有効な対策の立案に関しても決して得意ではないようだ。

しかし、たとえ得意ではなくとも、精度の高い予測を元にリスクマネジメントすること、実際に予測できなかったことが起きた場合に対応する能力の重要性は益々高まっている。

それらを実現するための情報の量と情報へのアクセスに関しては、これまでの100年、いや10年単位で見ても飛躍的に進歩している。2018年当時の世界全体のデジタル量は、33ゼタ（10の21乗）と言われていた。そのデータ量は今も増え続けているはずだ。しかし、増え続けるデータ量に比例して真実の量も増えるわけではない。つまり、真実を補足するデータと、それ以外のほとんど関係ないデータがものすごい勢いで増え続けていることになる。したがって、本当に必要な情報を見極めることが大事だということだ。


情報が急激に増加し拡散するきっかけとなったのは1440年のグーテンベルグの印刷機の発明だ。それまで情報は口コミか書き写しによって拡がっていた。そこで聞き違いや誤解による伝達があったとしてもその影響は限定的だった。しかし、誤った記述のまま印刷された情報は、間違った情報としてこれまでと比較にならないほど多くの人手に渡ってしまう。

そして、現在のインターネット社会ではその拡散のスピードも影響もとてつもなく大きくなってしまった。それが今回パンデミックに加えインフォデミックと言われる現象を引き起こした原因だ。

人はあまりにも多くの情報を手にすると直感的に気に入ったもの、印象に残った情報だけを選び、本来重要な情報を見なくなる傾向があるようだ。

直感的に気に入るものの正体は、経験や自分の価値観で多くの場合、すでに我々に初期設定されている。そうした初期設定された主観的な見方にマッチしたデータだけを探し出し、「この通りデータが語っている」と言う。

しかし、実際にはデータは何も語っていない。語るのは我々自身だ。

我々自身が正しく語るためには、自分の経験や価値観に対して批判的な目を持ち、真実から目を背けないことが重要だ。そうすることで、多くの情報に含まれているノイズが取り除かれ、大事なサインが見えてくる。このことはコロナ禍における現況の理解はもちろん、ビジネス、教育、スポーツすべてにおいて言えることだ。

自分とスポーツビジネスとの本格的な出会いは約20年前にさかのぼる。スポーツのビジネスを行う以上、スポーツの本質を理解することが大切だと考えた。当時のメモが残っていた。

- スポーツはPlayと表現されるように遊びの要素がある。しかし遊びと異なるのは「勝負」という概念があること、スポーツの世界ではそれがとても重要だ。
- では、スポーツをやるために、勝つために必要なことって何だろう？　根性・体力・精神力・従順性……
- 本当にそれだけが大事？　頑張れば勝てる？　やらされることは楽しい？　勝てばいい？

・「勝つ」ためには自分と相手との力関係を知り、対策を考えることが大事。〝己を知り、相手を知れば百戦危うからず〟古今東西を問わず勝利を目指す上で情報は的確に意思決定を行うために極めて重要。それはスポーツでも一緒では？

当初、勝利を目指すプロスポーツチーム向けのデータ収集から始めた事業は、今やプロスポーツチームのみならず、リーグや協会に広がり、さらにスポーツ中継やスポーツの結果を紹介するためのメディアを通したスタッツ、試合の深層を探る番組などスポーツを「観る」、「識《し》る」ために欠かせない情報の一部として定着した。もしかしたら、現在のスポーツテックの隆盛のきっかけとなるパイオニアとしての役割は果たせたのかもしれない。

しかし、初めてデータを通してスポーツビジネスに関わってから約20年が経ったが、サッカーやバスケットボールなどのメジャースポーツにおいても、またマイナースポーツにおいても競技レベル、スポーツの普及、文化としての定着、ビジネスとしての成長などいずれの分野においても、世界との差は一向に縮まらないどころかむしろその差は開いている。

スポーツは単に体の機能を動かす運動とは異なるものだ。スポーツとは、体の機能を効果的に、効率よく使い、考え、思いやり、する人を幸せにし、健康にし、学び、成長するためにとても大事なコンテンツだという理解が深まって欲しいと強く願っている。

今回本のタイトルを『アナリティックマインド』（分析的思考）とした。それは、野球、バスケットボール、サッカー、その他多くのスポーツで行われている情報収集、情報の峻別、分析するための思考、対策の立て方は、スポーツの試合における勝利を目指すだけではなく、ビジネスにおける競争でも、目に見えない敵である病原体との戦いにおいても共通して持つべき考え方だと気付いたからだ。

〝スポーツ〟と〝スポーツ以外〟に分けるのではなく、スポーツを通してスポーツのみならず、時にスポーツ以上に大切なコトについて学ぶことが重要だ。そうした事の理解が深まって初めて、スポーツが生活の一部となり、文化として根付いていくのだと思う。

そうした考えの一助になればと思って書いたアナリティックマインドはスポーツの本であり、スポーツの本ではない。読者の方にその判断は委ねたいと思う。

目次

第3章　日本サッカーに迫られるデータ分析の活用

第4章　Analytic Mindを持とう

第1章

スポーツが歩んできた道

サッカーが進歩するのではない。
サッカーをする人間が進歩するのだ

――セサル・ルイス・メノッティ（アルゼンチン人指導者）

スポーツを「する」とき、「観る」とき、テクノロジーの活用は、当たり前の風景になってきた。スポーツを「する」場合、今日の自分（自分のチーム）のプレーは練習通りにできただろうか？　どのくらい走れていただろうか？　相手の選手のプレーの特徴や、チーム戦術はどのようなものだろうか？　それらを知ろうと映像を撮り、専用ソフトで分析する作業はかなり普及してきた。

では、スポーツ中継を「観る」ときはどうだろう？　「今のプレーすごいな。もう一度観たい！」「違う角度から見てみたいな！」「試合開始の時間に自宅のテレビの前にいられない。移動中なのでスマホで試合を観よう！」「この選手上手だなあ！　データを見てみたい！」こうした希望に応えることも今や珍しいことではない。

生で「観る」ためにスタジアムに足を運んだ場合、入場チケットの購入から入場、飲食の購入もスマホ一つで十分だ。もちろんスタジアムへの行き帰りのアクセスも最適ルートを示してくれる。

かなり前から技術的には可能だったはずだが、スポーツの日常にテクノロジーが入り込んだのはごく最近だ。しかし、いまやスポーツの世界においてもテクノロジーは完全に市民権を得ている。

敢えて達成困難にするために非効率なルールが設けられているスポーツ。一方、効率性を追求するために必要不可欠なテクノロジー。スポーツにおいて目的達成を困難にする様々な障害は、まさに我々の日常の生活と被る。テクノロジーはそれらの障害に効果的に立ち向かうための武器だ。一見相反するように見えるスポーツとテクノロジーの相性が良いのは、お互いに求め合う関係だからだ。

スポーツの歴史は長く、それと比べればテクノロジーの急激な発展と普及はごく最近の話だ。その二つが出会い、なぜ今のような幸せな関係が構築されているかを考えることはとても重要だ。その点について考えることで、今のスポーツ界の状況と未来のスポーツ界のあるべき姿が見えてくるはずだ。まずはスポーツ、特に近代スポーツの歩んできた道とスポーツビジネスの発展の経緯を振り返ってみよう。

近代スポーツの誕生

そもそもスポーツとはどういうものなのだろう？　スポーツの語源はラテン語のdeportare。

中世フランスでは、desportと派生し、14世紀のイギリスではdisportと使用され、それが16世紀になって省略化されsportsとなったようである。このdisportという言葉に目を向けると非常に興味深いことがわかる。「dis」は「〜ではない」というときに使う否定の言葉で、港を示すportの語源がラテン語のporta（門）に当たる。直訳すれば、港、あるいは、門に留めておかないという意味になる。つまり、disportは港、門から出て自由を楽しむ、気晴らし、を意味する言葉だ。

中世の貴族たちが気晴らしのために行った狩猟などの身体活動等運動全般が当時のスポーツだった。18世紀には有閑階級が優雅さ、気晴らしのために特権的に乗馬やゴルフなどを楽しむようになった。サッカー、ラグビーなど我々が目にするスポーツとはやや趣が異なるが、それでも後にスポーツが発展していくために重要な要素が多く含まれていた。

有閑階級が気晴らしにやっていたスポーツは、するだけでなく、見せたり、語り合ったりするコミュニケーションの場を提供するソフトとしても機能していた。政略的に婚姻関係を結ぶためのお見合いの場としての機能や、今でいうビジネスネットワークの構築のために大いに役立った。現在ヨーロッパのスタジアムで見かけるVIPルームは単に美味しいものを飲み食いする場所ではなく、まさに企業間のネットワーク作りの場だ。当時の上流階級の社交の場の名残といえる。

もうひとつ、今のスポーツビジネスのベースを作り出した大事な示唆がある。当時、乗馬、ゴルフ、テニス、あるいはクリケットで一日中時間を過ごすことができるのは生産的なことをしないことが許された有閑階級の特権だった。農業などはそれこそ年中無休で働き続けなければならなかった。そのような生産活動に従事している者が非生産的な気晴らしのための身体活動に時間を割くことなど許されるわけもなかった。生産活動に従事する者が生産に関係しない活動を許されたのは、年に数回収穫を祝う際に行われた祭のときだけだった。つまり、当時の一般人にとって気晴らしが可能な身体活動は非日常的な出来事だったわけである。「スタジアムでの非日常体験」を提供するのがプロスポーツビジネスのベースになっている。このようにスポーツを非日常のイベントとして捉えることも当時の名残で、今のスポーツビジネスを考える際に非常に重要な視点になってくる。

（1）産業革命による生活様式の変化と近代スポーツの誕生

18世紀中盤の産業革命は、社会的にもスポーツの発展にも大きなインパクトを与えた。囲い込み政策によって、農業従事者の余剰人員が新たにできた工場周辺に居を移し、生産物ではなく、稼働時間という括りで仕事を行うこととなった。これまで農産物を安定的に生産しなければならなかったので、一年中朝から晩まで働いていたが、工場での労働は何時から何時までと時間が決められていた。就業時間の規定は、週末の休暇とセットだった。つまり、就業時間内の労働と時間外の余暇が分離されることになったわけだ。

こうした新しい労働形態における行動様式はスポーツにも変化を与えることになった。フットボール誕生の起源についてはいくつか説はあるが、その存在は古い。産業革命以前のフットボールは、祝祭という特別な日に一日中プレーを楽しむことが目的とされていた。しかし、産業革命以降のフットボールは、農業従事者が工場労働者に変わったが如く大きく変化した。プレーする空間、時間、プレーヤーの人数、見る人とする人の区別といったことが規定され、週末の健全な楽しみとして機能するようになっていった。

フットボールの変化は思いもよらない場所でも起きていた。産業革命後の社会において生産性を高める職業人と国家の中枢を担う人材養成は、大英帝国にとっての重要な課題だった。その課題解決の役割を担ったのがパブリックスクールだった。植民地政策を取っていた当時は、通信網も交通網も存在していなかった。そのような状況下では、植民地で何か問題が起きたとき、いちいち本国に報告して指示を仰ぐことは問題を大きくするだけだった。そこで必要なことは、報告することでも指示を待つことでもない。自ら状況を判断し、最適な意思決定を行う知力、胆力、そして実行できる行動力だった。また、本国から遠く離れた地におけるあらゆる誘惑に耐えることのできるモラル、忠誠心、正義感などいわゆる徳力、そして環境が大きく異なる植民地での生活に耐えうる体力が求められた。

それら知力、徳力、体力を身に付ける人材育成のために、パブリックスクールではサッカーとラグビーが区別される前のフットボールを利用した。残念ながら、当時は勇敢さを示すために上級生による下級生への執拗なまでの要求、今でいうパワハラや、競技としてかなり乱暴な側面も持ち合わせていた。しかし19世紀中盤、スポーツの人材育成面における重要性を理解していたラグビー校で校長を務めていたトーマス・アーノルドにより状況は大きく改善された。アーノルドは、パブリックスクールの改革に着手する中でフットボールにおける暴力的側面を排除し、ルールを守ること、仲間を思いやること、規律などを強調し、スポーツを人格形成する上で欠かすことのできない大事な教育的ソフトに促進させることに成功した。その後、競技としても、パブリックスクールごとのローカルルールから共通ルールへの統一を経て1863年に正式にフィールドプレーヤーが手を使えるラグビーと、そうではないサッカーに分離することとなった。2018年ロシアで躍動したサッカー、その翌年秋、日本中を熱狂させたラグビーが誕生した瞬間だった。

(2) スポーツの世界化と国家のアイデンティティの認識

産業革命以降の社会変化、産業主義の世界化、国家の一員としてのアイデンティティの確立といった流れにスポーツも変化しながら足並みを揃えて世界的に普及していった。

例えば、パブリックスクールでフットボールを通し、身体的な強さにとどまらず、知力、徳力を備えた人材が世界中に散らばる植民地において様々な啓蒙活動を行ったことでフットボールが普及していったことは容易に想像できる。

フランスでは、普仏戦争におけるプロイセンとドイツ諸邦に大敗し、その雪辱を果たして国民の体力を向上させるために体育教育が全国的に展開され、スポーツ普及のきっかけとなった。

日本においてはスポーツが洗練され始めた時期のイギリスへの留学経験を持つ森有礼が1885年、第一次伊藤内閣のもとで初代文部大臣に就いた。森有礼は自身の教育論の中で知育、徳育、体育の均衡のとれた発達の重要さを説いている。イギリスで生まれた近代スポーツはそれらの要素をすべて包括した教育ソフトであるはずなのだが、日本においては富国強兵を実現するための国民の体力強化のために兵式体操を活用した。当時の軍国主義における身体教育と服従精神は、日本におけるスポーツの普及を長期に渡って阻害し、今なおその発展、ビジネスとしての成長の足かせとなっている。

東京オリンピック・パラリンピックの開催に関するネガティブな反応は、必ずしも新型コロナウイルス感染への懸念だけではなく、スポーツの持つ価値への理解が未だに進んでいないことも原因のひとつではないかと思う。

人材育成、教育的側面だけではなく、スポーツビジネスという面においても、産業革命後のイギリスにその萌芽が見て取れる。当時、余暇として定着したイギリスフットボールは「する」だけでなく、「観る」ものとしても大衆の支持を得ていた。「観る」ものとしての需要は「する」側の競技力の向上と勝利を求める。それが「する」側のプロ化を生み、「観る」ためのエンターテインメント化が進んでいった。20世紀初頭には全国大会が開催されるほどの普及を見せ、「観る」ために入場料を支払う仕組みがすでに確立されていた。勝敗へのこだわりから賭けが行われる一方、フェアプレー、スポーツマンシップなど競技を正しく行うことも求められた。この頃からすでに、プレーする側と、それをビジネスとして行う側が高いレベルで役割分担できていたことになる。

スポーツは大英帝国の植民地政策、戦時における教育及び体力増進の必要性から少しずつ広がっていったが、本格的に世界中に普及するきっかけとなったのは、オリンピックの開催だ。1896年にギリシャのアテネで開かれたオリンピックの生みの親はフランスの体育振興に尽力したピエール・ド・クーベルタン男爵だ。普仏戦争に惨敗したフランス人の若者の体力の無さを敗因の一端とし、各国の体力強化の施策の視察に行ったとされている。そんなクーベルタンが最も影響を受けたのが、先のパブリックスクール改革においてスポーツを洗練させて活用したトーマス・アーノルドだった。オリンピックは創設時は単なる陸上競技の世界大会だったが、スポーツの価値が認識され、スポーツを通して提供される知力、徳力、体力を争う古代オリンピックの復活と位置付けたことによって国境を超えて発展していった。

オリンピックをきっかけにスポーツが世界中に普及し、発展していく過程で重要な役割を担ったものがメディアだ。スポーツの人気、世界化によって観る人が増えると同時に、スポーツに関する様々な情報の需要も高まっていった。スポーツが普及し、産業化していく上でメディアの存在、発展は極めて重要な意味を持つ。

1900年に世界で初めてラジオが登場し、その後、世界各地での実験を通し、1920年にアメリカのピッツバーグで世界初の公共放送が行われた。新聞の発達と新しいテクノロジーによるラジオというメディアの登場、さらに最初のラジオ放送から8年後、アメリカにおいて行われた世界初のテレビジョン放送は、その後のスポーツのバリュー拡大のために大きな役割を担うことになった。

1924年、第8回パリオリンピックにおいて、実際にスポーツを観るために会場に訪れた人以外の多くの人にも、現地の様子を伝えるために初めてラジオによる生放送が行われた。多くの人に素早く情報を伝えることが可能なメディアの特性とテクノロジーの急激な進歩は、スポーツにおける新しい可能性を示した。その一つがスポーツとメディアを利用した国威発揚だ。

第一次世界大戦後、アメリカの好調過ぎるほどの経済状況は過度の投資ブームを生み、やがてウォール街の株価大暴落を引き起こした。それを機に世界経済は大恐慌に陥った。経済的に大打撃を受けたドイツの失業者数は600万人を超えた。1933年、そうしたドイツにおいてヒトラーは大不況に対する不満分子を味方に政権を掌握することに成功した。

政権を手にしたヒトラーは、1936年の五輪招致に成功し、ヒトラー政権の下で開催された第11回ベルリンオリンピックは、40か国に活動拠点を設け、13か国語でパンフレットを制作し、徹底的にPRを行った。同時にパブリックビューイングで世界で初めてテレビの実況中継を行い、28か所の特設会場でのべ15万人が観戦した。世界最大のスポーツの祭典であるオリンピックと最新のテクノロジーの後押しのおかげでドイツ国内外に対して国威発揚を行い、大きな成功を収めた。

日本が初めてオリンピックを招致したのは1940年の夏季五輪と冬季五輪だったが、第二次世界大戦のために開催が見送られた。その後、再び開催権を獲得し、1964年の第18回東京五輪を迎えることとなった。第二次世界大戦後、復興を成し遂げた日本だったが、日本の産業のイメージは必ずしも芳しくなかった。いわゆる安かろう、悪かろうがメイドインジャパンの代名詞だった。

そのイメージを払拭するために東京五輪は日本の国家的事業として取り組まれた。当時のモータリゼーションの流れを汲み、東名高速道路、首都高速を始めとする都内の幹線道路の整備、大量輸送を可能にした新幹線、空港と都心を結ぶモノレールもこのタイミングで開通した。工業製品の品質とともに日本人の正確な時間管理能力も大きくアピールすることになった。

このオリンピックではいくつかの史上初となった放送が実施された。「衛星生中継」、「カラー放送」、そして「スロービデオ再生」だ。カラー放送によって視覚が満たされ、現地では不可能なスロー再生が可能になった。そして、東京で起こったことがはるか遠くの地での視聴が可能になった。スポーツという魅力あるコンテンツは、世界中、場所を問わず届けられることになったわけだ。

スポーツとテクノロジーの出会いは、スポーツにメディアとしての機能を持たせ、結果、スポーツの価値がさらに高まるという、お互いにとって理想的な関係になっていった。

サッカーを取り巻く環境も20世以降大きく変わった。サッカーのオリンピックへの採用は

1900年にクーベルタンの祖国で行われた第2回パリオリンピックが初だった。そして、その4年後の1904年に世界中で普及し始めた各国のサッカー協会（FA）を統括する目的で国際サッカー連盟（FIFA）が設立された。当時、サッカーの世界一を決める大会はオリンピックだったが、FIFA設立と同時にサッカー単独競技としてプロとアマチュアの区別なく世界一を決める大会の開催を目指した。FIFA第3代会長のジュール・リメは当時アマチュアの大会だったオリンピックに対して、アマチュア本来の意味を考慮せず、資格として扱い規定することを嫌った。プロ、アマと分けることではなく「重要なのはスポーツ、特にサッカーの持つ社会的価値、人間的価値である」（リメ著『ワールドカップの回想―サッカー、激動の世界史』より引用）という考えの元、世界大会を実現した。1930年7月のことだった。この時、大会参加国の経費負担を申し出たことにより、第1回FIFAワールドカップはウルグアイにおいて開催されることとなった。そのウルグアイは決勝でアルゼンチンを下し、ワールドカップの初代王座についた。

（3）スポーツのビジネス化の促進

スポーツビジネスは、生産力が大幅に向上し、初めて供給量が需要を上回ったとされる1960年以降に大きく発展した。企業活動をさらに活発化させるために、新しい生活スタイルを提案し、同時に消費を促すという流れが生まれてきたのもこの頃だ。高い生産能力を持つ企業同士が自社の製品をより多く販売しようと市場において競争が発生し、マーケティングという考え方が生まれた。そんな中でテレビは、自社の商品やサービスの優位性を訴え、欲しいと思う気持ちを起こさせるために活用された。新しいライフスタイルを視覚で訴え、新たな需要を創出するために最適なメディアだったからだ。1970年代に入ると世界的にテレビが普及し、日本においても保有率が90％を超えて一家に一台とまで言われるようになった。テレビを通して効果的なマーケティング活動をするためには、まず人々がテレビを見たいと思わなければならない。一定時間で勝敗が決する筋書きのないドラマ、臨場感溢れる動き、わかりやすさ、スポーツはテレビにとって最良のコンテンツだった。テクノロジーの進歩によるメディアの発展はスポーツの祭典オリンピックやサッカーワールドカップなどの世界的なイベントを一気に大型化することになった。大型化に伴い、予選を含めた出場国、出場選手の増加、大会の施設建設、イベントのための演出及び設備投資、選手強化費及び運営費用とあらゆるコストが巨大化することとなった。

1976年のモントリオールオリンピックでは大型化したものの、当時の収益では運営費用を賄えず、大幅な赤字となった。その赤字の回収に10年かかり、1980年の冬季五輪では組織委員会が破産する事態に追い込まれた。当然ながら、五輪開催地に立候補する都市はほんのわずかになり、開催を続けることが危ぶまれるほどの状況となってしまった。結果、国際オリンピック委員会（IOC）はスポンサーシップという民間資本の導入に踏み切る決断をせざるを得なかった。

世界化、巨大化ゆえに厳しい状況に陥ったオリンピックにビジネスとしての商機を見出した者が現れた。当時、北米第2の旅行会社の創始者ピーター・ユベロスだった。ビジネスマンとしての実績を評価され、1984年のロサンゼルスオリンピックの大会組織委員長に就任したユベロスは、オリンピックにおける各種「権利」を合理的な方法で集積化に成功し、税金を1セントも使わず2億ドルの黒字を達成することとなった。

ユベロスの提示した権利とは、1業種1社の公式スポンサーとしての権利、オリンピックの公式マーク、グッズなどの商品化権、そして独占的な放映権の3つだ。つまり、1業種1社とすることで他社がオリンピックを自社のマーケティング目的で利用することができないという特権性を与え、その特権性に対して高額のスポンサー料を設定した。同時に、オリンピックというイベントに関するあらゆるプロパティ(ブランド、キャラクターなどの資産)の使用権をライセンス販売した。購入者側は、プロパティを自社や自社の商品、サービスの認知度の向上やプロモーションに活用した。また、テレビ局が放映を独占的に行うことが可能な放映権を高額で販売するビジネスモデルも大きく機能した。放映権を購入したアメリカのABCは支払った高額の権利料の元を取るために、積極的に番組宣伝を行い、放送時間の枠を大きく取った。露出時間を多く確保することで多くの視聴者を獲得した結果、高額を支払ったスポンサーにとっても大きなメリットを得ることができた。

ユベロスはスポーツというコンテンツが持つ価値とメディアがもたらす人々への影響力を理解し、ビジネスに結び付けた。彼の用いた手法は、その後のオリンピック、ワールドカップを中心としたスポーツビジネスにおけるスタンダードになっていった。ユベロスはその後、MLB（メジャーリーグベースボール）の第6代コミッショナーに就任し、任期満了後もアメリカオリンピック委員会の会長としてアメリカのスポーツ界における要職を務めた。

オリンピックを通してスポーツビジネスを確立したのがユベロスであるなら、サッカーを中心としたその他のプロスポーツビジネスに大きな影響を与えたのがアディダスの創始者アドルフ・ダスラーの息子で、2代目会長のホルスト・ダスラーだ。

初代会長のアドルフは職人肌で、競技別の靴を考案したといわれている。それに対し、息子のホルストはマーケティングにおいて優れた才能を見せた。オリンピックやワールドカップといった多くの人が見る世界的な大会では、アスリートがどのような製品を使用しているのかに目がいくと考えた。

1974年に西ドイツで開催されたワールドカップではアディダスのボールが公式球で使用され、優勝した地元西ドイツのチームのユニフォームもスパイクもすべてアディダス製だった。ホルストは、プロモーション効果があると見込んだチーム、選手に自社製品を積極的に提供し、アディダスを世界的なブランドに押し上げることに成功した。ホルストはスポンサーとして世界的なスポーツイベントがもたらす効果を理解し、それがビジネスとして成功すると見込んだ。そして、スポンサーシップをさらに魅力的にし、販売するための企画と仕組みを考え、それを事業化するために電通との間でISL社という合弁会社が設立された。

スポンサーにとっては、この権利をいつまで持ち続けることが可能なのかが非常に重要になる。同時に、ＩＯＣやＦＩＦＡといったイベントを主催する団体にとってもスポンサーによる安定的な収入の確保は重要だ。これまでは単一大会中のスポンサーシップの販売しか行われていなかったが、双方のメリットを生み出すためにＴＯＰ（The Olympic Program）という大会全体を対象とした4年間のパッケージプログラムが開発された。サッカーにおいてもワールドカップの大会期間中だけでなく、ワールドカップ開催までの4年間のメジャーな大会、欧州選手権、欧州チャンピオンズカップ、ウィナーズカップをパッケージ化したインターサッカー4というプログラムが立ち上がった。

ユベロスが開発して成果を収めた、スポーツビジネス、すなわち、スポーツを行う興行主が持つスポンサーシップ、ライセンス、放映権という商業的権利に特権性を持たせて販売するモデルをホルストが引き継ぎ発展させた。そして、このビジネスモデルはこのコロナ禍に襲われる直前まで機能し、ある意味で行き過ぎた成長を続けていた。

（4）メディアの急激な成長と破綻

スポーツの人気が高まり、スポーツを通したマーケティング活動が盛んになり、スポーツビジネスが大きく発展した背景にテレビが果たした役割はとてつもなく大きかった。特にＩＳＬ誕生後のワールドカップを中心としたサッカービジネスの成長はメディアの存在なしに語ることはできないほどだ。

スポーツビジネスの成長をさらに促進させたのは、またテレビ中継のさらなる技術革新だった。日本で初めて衛星中継に触れることになったのは１９６４年の東京五輪の前年、アメリカ大統領ジョン・Ｆ・ケネディの暗殺事件のときだ。アメリカからリアルタイムで届けられたショッキングな映像を日本中が驚きと悲しみとともに見つめた。そしてその翌年、東京五輪で世界初の衛星放送によるスポーツ中継が行われた。衝撃的な内容、記録や勝敗を生み出す白熱した展開、わかりやすい動きが中継映像には適している。しかし、一国の大統領の暗殺やアポロ11号による月面着陸のような特別な出来事はそうそう起きない。しかし筋書きのないドラマが頻繁に起こり、シンプルに迫力のある動き自体をリアルタイムで楽しめるという意味で、スポーツは衛星中継には非常に適したコンテンツだった。しかし、それをスポーツ中継で日常的に使用するには制作するための費用面と試合映像を送るための情報の容量と送信速度という面において時期尚早だった。

だが、１９８０年代後半から90年代にかけ、スポーツビジネスが成熟していくタイミングで、テクノロジーが急速に進歩し、それとともに衛星放送も本格的に普及し始めた。

１９９２年のプレミアリーグ設立時に放映権を独占したのはオーストラリア出身のメディア王、ルパート・マードックが所有するＢＳｋｙＢという有料衛星放送のテレビ局だった。当初、有料で試合を見せるという試みは多くの関係者が懸念していたが、結果的には有料放送を開始した翌年には早くも単年度における黒字化を達成した。ＢＳｋｙＢの成功は、スポーツ、特にサッカーの放映権の高騰を招くこととなった。マードック化現象と呼ばれるものだ。本来の価値を上回るほど高騰した放映権のおかげで、一時的にはリーグ、クラブの財政事情が潤った。しかし、バブル、すなわちビジネス的に回収不能な価格付けは遅かれ早かれ必ずしわ寄せがくる。

ＩＴＶデジタルは、イングランドリーグ1部－3部について、3年間約３００億円の放映権契約を結んだものの契約者数が伸びずに破綻することとなった。ドイツの放送局キルヒは出版、音楽、映画にも手を広げ、一時ドイツ最大の民間放送局だった。ＩＳＬと共同保有のサッカーワールドカップ、モータレースＦ1、サッカーブンデスリーガなど高額な放映権のコンテンツをいくつも保有していたが、ここでも有料放送加入者数が思うように伸びず、結局破綻することになった。これらはスポーツビジネスの行き過ぎた期待が引き起こした負の側面だが、それでもメディアの発展が、スポーツの普及とビジネスの発展に大きな役割を果たしたことは間違いない。事業立ち上げの当初は、権利団体にスポーツビジネスのノウハウがないため外部の代理店やコンサルティング会社に依頼するケースが多い。しかし、一度ノウハウを獲得し、継続性あるスポンサーの存在によって事業も安定し始めると、外部に委託するメリットが薄れ、スポーツビジネスの内製化が促進されていく。現在ＦＩＦＡ及びＩＯＣ自らが優れたスポーツビジネスの組織体でもある。それはこれまでの失敗の経験から学んだことが大きく関係している。

（5）新しいテクノロジーの台頭と現場での活用

スポーツの普及及びスポーツビジネスが発展していく過程でメディアとの幸せな共存関係が築かれていったことは先に述べた。

そして、そのメディアはテクノロジーの発展により、メディア自体のバリューも、そこで扱われるスポーツのバリューも、ともに向上させていった。大規模なスポーツイベントにおいてもテクノロジーは大いに活用された。最初にテクノロジーが活用され始めたのは1986年のメキシコワールドカップのときだ。当時、まだテレックスが主流だった時代にFAXが使われ始め、情報伝達のスピードが急激に加速することになった。この時点ではまだ、回線を利用した情報の送受信のスピードアップというレベルでのテクノロジーの活用だったが、1990年のイタリア大会では、選手、記者、関係者すべてのIDがデータベース上で一括管理されることとなった。まだこの時点では管理される場所も必要な情報を閲覧する場合も各会場というローカルでの管理だった。しかし、1994年のワールドカップアメリカ大会では、ゴア副大統領が提唱していた「情報スーパーハイウェイ構想」のモデルケースとして、開催された9都市の各会場間がネットワーク経由で結ばれることとなった。この大会では関係者の情報に加えて、2万人の大会運営のボランティアメンバー、競技情報、販売用グッズの在庫情報等も管理され、データのセキュリティ機能も格段に強化され、テクノロジーの活用法のショーケースの様相を呈していた。日本が初めてワールドカップに出場した1998年のフランス大会ではさらにテクノロジーの活用が進み、チケッティングの管理とマネジメント業務一般を行うシステムが導入された。ただ、チケットに関してはこの大会の目玉の一つだったが、残念なことに鳴り物入りのシステムが原因でチケット不足という日本でも社会問題になるほどの事件が起きてしまった。

この大会のもう一つの目玉は、各国サポーター向けに用意されたFIFAワールドカップフランス大会の公式サイトだった。W杯開催の前年3月にオープンしたサイト上で、組み分け、会場など様々な情報がスピーディーに提供された。大会開催中は成績と競技パフォーマンスデータが逐次アップデートされていった。この大会で登場したインターネットを利用した新しいメディアの登場は、その後のスポーツビジネス、これまで主役だったテレビメディアの役割を大きく変えていくこととなった。

日本で初めて、プロ野球の試合データがNHKのデータ放送にリアルタイムに表示されたのは2000年に行われた巨人対阪神戦だった。dボタンを押すと一球ごとの球種、コース、球速がリアルタイムで表示された。サッカーの中継におけるデータの活用は野球より2年遅れで行われた。2002年アジアで初めて行われた日韓共催のFIFAワールドカップ開幕1か月前、キリンカップサッカー2002のスロバキア戦がサッカーのパフォーマンスデータお披露目の日だった。サッカーはプレーが連続して行われるため、すべてのプレーデータをリアルタイムで取得して配信することは困難だ。そのため、この日の試合では対象選手と取得データを絞ることにした。5分ごとのボール保持率、稲本潤一、戸田和幸のボールタッチ位置、中村俊輔のパスの出し先と本数のデータを取得し、ハーフタイムに解説者がそのデータを紹介した。2000年のプロ野球、2002年のサッカー、日本のスポーツ中継にデータが加わった瞬間だ。あれから約20年が経つが、その現場に立ち会えたこと、そこで表示されたデータの生成と配信に一役買うことができたのは、ささやかな自己満足だ。

中継映像をよりリッチにするため詳細なデータを取得する技術の進歩は今なお留まることを知らない。野球の投手の球速150kmのボール、直径約4cmのゴルフボール、時速200kmのテニスのサーブ、それらのボールの軌跡や回転をリアルタイムに見ることはすでに珍しいことではない。

テクノロジーの恩恵は思わぬところにも派及している。

現代スポーツではアスリートのフィジカル能力が劇的に向上し、テニス、バレー、サッカー、ラグビーなどの試合において、審判の目だけでは、スピーディーな展開についていけず、決定的な場面を見逃すことが起こるようになってきた。しかし、Hawk-Eyeに代表されるような最新のテクノロジーの登場で、プレー結果を詳細に捉えることが可能となり、VAR（Video Assistant Referee）、TMO（Television Match Official）の本格導入に繋がり、審判の判定を補佐する第二の目となった。

スポーツ競技とデータの相性

スポーツを中継する側の効率性、観る側の興味、スポーツイベントを運営する側の利便性、これらのためにテクノロジーは大きく貢献してきた。現場の勝利のためにもテクノロジーは役立つはずだ。そう考え、1試合の中の数千のプレーにタグ付けし、目的に合わせてデータと映像を表示するシステムを開発してからすでに20年が経つ。当時チームに営業に行くたびに驚かれたものだが、今となっては人手を介さずにデータが自動的に生成され、わかりやすくグラフィックで表示される。さらに試合映像からＡＩが自動的にデータ変換を行い、最適な戦術を提示することすら驚かない。

ここにたどり着くまでに、スポーツはデータとどのように向き合ってきたのだろうか。その点を改めて考えることは重要だ。なぜならテクノロジーが進み、様々なデータが取れるようになっても、それらのデータを何の目的でどのように使うのか考えること、ＡＩが提示した最適な戦術を実際試合でプレーする選手に理解させ、アクションを取らせることは今も人間の手に委ねられているからだ。速すぎるテクノロジーの進歩と、それを解釈する人との間にできてしまっているギャップを解消していくために、競技面とデータの関係について見ていこう。

スポーツは競技特性によって分類することができる。例えば、個人競技と団体競技、球技とそれ以外、相手と点数を競うもの、時間を競うもの、相手との接触プレーがあるもの、無いもの、制限時間内で勝負するものと攻守の回数内で勝負するもの、あるセット数を先に取ることで勝負するもの、まだまだあるだろう。

球技に絞ってデータ取得の難易度を考えると、サッカーは競技場が広く、プレー者数も多く、連続するプレーの時間が長く、接触プレーが多い。ワンプレーに関わる人数が多いため当該プレーヤーを見失うことがあり、データを取るのがもっとも難しいスポーツのひとつだ。

逆に、ワンプレーごとに〝間〟があり、接触プレーが少なく、誰がプレーしているかが明確な野球は比較的データが取りやすい競技だ。野球のプレーは基本的にはピッチャー対バッターの1対1から開始される。そして、1対1の戦いのプロセスにおいて様々なデータが生成される。ピッチャーの投げるボールの球種、コース、球速、回転数などだ。そして、バッターのボールへの対応で新たなデータが生成される。ピッチャーが投げるボールに対してバッターがどのような対応をしたか、バッターが打ったボールはどのような打球でどこに飛んだか、その打球は守備者によってうまく処理されたか、その状況次第で走者は判断しアクションを起こす。それらのプレーが起きてからデータ入力するまでの時間差は数秒程度だ。野球では、比較的、個々の選手のプレーデータの再現性が高い。例えば、最高速度140㎞を投げるピッチャーは、130㎞台、120㎞台の変化球を投げることはあっても160㎞のストレートを投げることはまずできない。内角高めの速いボールを打つことが苦手で、そのゾーンへの速球の打率が1割台の打者が突然そこの打率を3割台に引き上げることも、そのコースのホームランを量産することもほぼない。ピッチングもバッティングも骨格、筋力、利き目など先天的なものに左右される要素が多い。だから投手においても野手や打者においても、その特徴に合わせてポジションや打順を決めることにより、戦術の最適化を図ることが可能だ。

そうした競技特性が理由なのか、野球の記録の歴史は古い。1845年にルールができ、1858年にルールブックとプレー内容とデータを記録するためのボックススコアが作られた。野球の日本上陸は今から約150年前の1872年にアメリカ人教師が開成学校の学生たちに教えたことが始まりだとされている。1905年に早稲田大学の野球部がアメリカに遠征した際にバット、グローブ、ボールに加え、スコアブックをお土産として持ち帰って以来、野球はプレーに加えて、〝データを記録する〟競技として普及していった。スコアブックの書式は早稲田式、慶應式、またアメリカ独自の方式に分かれているが、「試合の流れ」を見るという目的は、どの方式であれ共通している。

「試合の流れ」を知りたいというファン及び現場の欲望は、テクノロジーの発達とともにデータの質を向上させ、量を増大させてきた。同時に、それらをより速く、より正確に分析するためのテクノロジーの活用も加速している。ブラッド・ピッド主演の映画『マネーボール』で紹介されたセイバーメトリクスに代表されるように、野球はデータ分析との相性が非常に良い競技だ。

映画『マネーボール』のワンシーン。（写真：Everett Collection／アフロ）

データを取ること自体非常に難しいサッカーだが、それさえクリアできればデータとの相性は良いのだろうか？　スポーツの歴史で見てきた通り、パブリックスクールごとに異なっていたルールを統一し、サッカーとラグビーが区別された時期と、野球のルールが明確になった時期はともに19世紀半ばだ。野球はルールが明確になったタイミングで記録法についても考えられたが、サッカーにおいてルールが統一されたタイミングで記録法ができたという事実は見つからない。

22人の選手とボールが90分間目まぐるしく動くサッカーのプレーを、すべて人の手によってデータとして記録することはほぼ不可能なので、日本蹴球協会（現日本サッカー協会）が統一した記録様式では、一人で取得可能な情報のみに限られた。対戦相手、試合の日時、天候、メンバー、背番号、ポジション、スローインを除くセットプレー、警告退場等、試合結果、得点パターンと得点者、アシスト者、そしてシュートについてはシュートを打った人の名前の横に正の字が書かれる形で記録された。試合が行われた環境が中心で、試合の〝流れ〟というよりは、得点の〝経過〟を記録するためのものだった。

サッカーは、ロースコアで勝敗が決まる競技だ。そこで得点という希少な果実を得る過程の中で、その数百倍のプレーが行われている。しかし、数百倍の一見無駄に思えるプレーの中に得点に結びつく重要なサインも含まれている。どれが得点に結びつくためのサインだったのかを読み解くことが重要だ。しかし、それを見つけること、それ以外の莫大な量のデータを記録することにはかなりの労力が必要になってしまう。

データ入力が大変な理由のひとつは、プレーが途切れず連続で行われることにある。野球では必ずピッチャーのセットアップからプレーが始まり、その投球後、必ず一度プレーが途切れる。一方、サッカーではピッチ内でファウルが起きたり、いずれかのラインを割ったりするまではプレーが続く。しかもそのプレースピードは速い。

データを取ることが大変なことはわかった。しかし、大変なことと使えないことは異なる。それでは、データを取ることの大変さが解消され、様々なデータが手元にあれば競技力向上に役立つのだろうか？　野球のように試合の流れを読み解くことができるのだろうか？

この質問の答えは、役立つはずだが、流れを読み解くことは簡単ではない、ということになるだろう。サッカーではプレーが途切れず続くが、一つひとつのプレーと得点との因果関係はそれほど高くない。例えば、野球であれば、ホームを踏めば得点、3回アウトになれば攻守が入れ替わるという絶対的なルールが存在する。アウトにならないことが得点の可能性を高めるために重要なので、当然ながらアウトを避けるプレーが重要となる。その上で状況に応じた最適な、つまり得点期待値を高めるためのプレーが選択される。

しかし、サッカーでは、野球でいうホームに生還すれば必ず得点できる、3回アウトになれば攻守が切り替わるといったルールは存在しない。

そのため、ここでこういうプレーを行えば得点に繋がる、という順送りの王道が存在しない。むしろ得点できたのは事前にこういうプレーが行われたからだ、というプレーを随時逆回しさせて理解するしかない。

こうしたことが理由で、得点者やアシスト者、ファウル、選手交代という静的なデータと、得点と得点に繋がったアシスト以外の入力ができなかったため、実用的なスコアブックが作られなかったのだろう。

しかし、裏返せば起きた事象をすべて記録することが技術的に可能であれば、記録したデータから見えてくることは必ずある。選手のプレー内容と移動先の自由度が高いということは、選手の特徴に合わせて役割を与えることや、対戦相手や状況に応じた配置をフレキシブルに変化させられることを意味する。

産業革命以前、サッカーの試合に勝利するための条件は先に1点を取ることだった。つまり、勝利チームのスコアは必ず1－0と決まっていた。当然ながら勝つためには攻撃するという意識が高く、結果的に守る状況はあっても戦術として守備を優先することはほとんどなかった。その時代はパワーがあり得点力のある選手が重宝されたことだろう。

しかし、19世紀中盤以降、統一ルールが定められ、90分という時間内の得失点差によって勝敗が決するようになった。その結果、得点することと同じくらい失点しないことも重要になり、守備の意識も高まってきた。

大きくパワーのあるフォワードの選手に対抗するためには、それに負けない強く大きなディフェンダーを配置することが重要になってきた。すると、力対力だけでは勝負が決まらなくなり、速くてうまい選手を配置するようになった。

このように90分という時間制限の中で、相手より多く得点を取るため、失点を少なくするための選手の選び方、その選手を生かすための配置、相手チームへの対策、メンバー交代など、徐々に戦術面の重要性が増してきた。チームが強くなるために、スキルの向上と戦術の進歩はセットになった。

20世紀後半にPCが普及し、その後、映像に関する様々な技術が向上し、テクノロジーの進歩によって知りたい情報が何でも手に入る時代になった。サッカー界でもようやく〝試合の流れ〟を理解するために必要なインフラが整った。

サッカーとデータの相性が悪かったわけではない。サッカーで詳細なデータを取ることも、莫大なデータの処理を瞬時に行うことも難しくてできないと諦めていただけだ。

産業革命後、１週間の工場勤務を終えた労働者が週末に楽しんだフットボール。それから

1世紀半のときを経て、サッカーの試合に勝つためのデータ収集や情報処理にAIが関わることや、GPSやトラッキングシステムで自分がどれくらいの速さでどれくらい走ったかがわかること、レフェリーの判定にテクノロジーが関与するような世界を誰が想像できただろう。

片思いのパートナー

スポーツとテクノロジーは、スポーツビジネスの発展と普及のためにとても相性の良いパートナーだ。衛星放送、OTT（Over The Top）とメディアの進化とともに世界中のスポーツが見られるようになってきた。誰もがスマホ片手に映像をはじめとする様々な情報にいつでもどこでもアクセスできる世界になった。スポーツの現場においてはどうだろう。同様に様々な競技の詳細なデータを取るための技術が開発され、そこから生成される各種データ、それを利用するためのアクセスも容易になった。

しかし、日本のスポーツ界では、テクノロジーやデータを十分に活用しているとは言い難い。勝利を目的とするプロチームであっても、それらが使われていないことさえある。勝利を目指す過程において、その可能性を少しでも高めるための努力は重要だ。当初、スポーツビジネスで出会った理想的なパートナーが、ようやくピッチ上での出会いを果たした。欧州のサッカー、アメリカの4大スポーツではすでに切っても切れない関係に成熟しつつある。

しかし、日本では理想的なパートナーと出会ってから欧米とほぼ同じ年月を経ているにも関わらず、お互いに見つめ合っているだけの関係が続いている。

次章では、欧米のスポーツとテクノロジーがどのように進化しているか、彼らの話を聞いてみよう。

世界の分析トレンドとテクノロジー

最近は誰もが偶然の要素を減らそうとしている。
すべてを予想しようとしているんだ。
しかし偶然は排除できないしそこにサッカーの美がある。

――オリバー・カーン（元ドイツ代表GK）

データ分析を行うために最低限必要なことは、分析のための各種知見を除けばデータを溜めることと、そこから必要なデータを取り出して計算し評価することだ。それを容易に行えるようになったという意味では、パーソナルコンピュータの開発、発展とCPUの処理能力の向上抜きには語れない。コンピュータは20世紀中盤に開発され、1960年以降OSの急激な進歩で普及が促進されていった。時を同じく経済発展が促進され、企業における研究開発及び、マーケティング活動も活発になっていった。それらの企業活動の発展のためにコンピュータは大きな役割を担うことになっていった。

例えば、企業におけるマーケティングについて考えてみる。マーケティング活動にとって顧客を知ることは非常に重要だ。そのため、顧客の情報を得るために、様々な手法が開発された。リサーチャーが現場に張り付いて行動を監視し、カウントすることから始まり、アンケート調査、グループインタビュー、オンライン調査へと手法を進歩させながら顧客情報を収集していった。そして現在は、PC、スマートフォンなどのデバイスを通して、人々の活動内容と行動範囲、消費や決済状況、興味の対象など様々なデータが集積され、様々なサービスに利用されている。商業目的以外にも、今回中国、韓国などで新型コロナウイルスの感染者の行動履歴を知るためにスマートフォンのデータが活用されたことは誰もが知るところだ。個人の趣味趣向と行動様式からその人が欲するもの、潜在的に欲するものを高い確度で推定して提案するマーケティングの手法はすでに一般化している。そこではデータが多ければ多いほど精度は高まる。かつては処理し切れなかったほどの大容量のデータ、すなわちビッグデータは今やリアルタイムで分析され、目的に合わせて最適化される。

軍事や研究目的のために開発されたものが後に民生化されていくのはビジネスに限ったことではない。

サッカーの世界でもテクノロジーとデータ分析は大きなトレンドの一つとして、その波は確実に押し寄せてきている。例えば、誰がどこをどれくらいのスピードで走ったかを知るトラッキングデータを試合中継中に視聴者に届けることは、20年前には難しかった。しかし、今では欧州の5大リーグの中継では標準装備されている。このトラッキングシステムも戦闘機を追尾するレーダーという軍事技術の民生化だ。Jリーグではスウェーデンで開発されたトラッキングシステムを利用してトラッキングデータが取られている。トラッキングデータの取得が可能になったことにより、特定のプレーアクションを起こすための初速も、トップスピードに到達するまでの時間も、その走りが自チームの攻撃のための走りなのか、あるいは守備のための走りだったのかについてもわかるようになった。また、多くのクラブで導入されているが、心拍センサー内蔵のGPS付きベストを着用することにより、あるアクションを行った結果、心拍数がどのように変化したのか、それが平常に戻るためにどれくらいの時間を要したのかも簡単にわかるようになった。睡眠や食事を記録するアプリケーションも併せて活用することによって、選手が受傷したとき、受傷の1週間前からの練習の負荷、栄養や睡眠などの日常生活の状態も把握でき、怪我の要因の推察や、その後の回復具合のプロセスを追うことも可能になってきた。

多くのクラブで競技データを見ることができるシステム、GPSシステムなどを購入し、様々なデータが集まってきている。

しかし、それらをどれくらい効果的に活用できているのだろうか？ それら個別に取得されたデータを統合し、起きた現象に対し、その意味合いをデータから探り、トレーニングやリハビリに生かすという運用はできているのだろうか？ 少なくとも日本でこのような運用を開始したという話はあまり聞こえてこない。また、この分野における効果を検証した研究や論文を目にすることも極めて稀だ。急激に進歩したシステムと増加の一途をたどるデータ量。利用者側のリテラシー及び実践化の遅れ。このような現状を、関係者はどのように感じているのだろうか？

一方、世界では、スポーツ界、特にサッカー界におけるテクノロジー、データの分野はどのような進化、進歩を遂げているのだろうか？　この章では世界のトレンドについて様々な分野の有識者との会話を紹介する。

スポーツデータのグローバルリーダーの企業であるSTATS PERFORMにおいてフットボールプロダクトマネージャーを務めるイェン・メルヴァン（Jens Melvang）氏に最新システム事情について、『サッカーデータ革命――ロングボールは時代遅れか』（原書タイトル『The Numbers Game』）著者の一人であるクリス・アンダーソン（Chris Anderson）氏に執筆から8年経った今、サッカー界におけるデータ革命の進み具合を、データ革命の勝利者であるマンチェスター・シティとその後横浜F・マリノスでアナリストを務め、現在はスポーツ界において最も普及しているシステムの一つHudl社でDirector of Customer Solutionsを勤めるエドワード・サリー（Edward Sulley）氏にジョゼップ・グアルディオラのデータとテクノロジーに対する意識と日本と欧州のデータ及び育成に対する考え方の違いを、そしてデータ革命の促進が期待される中小クラブ代表としてドイツブンデスリーグ、ブレーメンのテクニカルディレクター、トーマス・シャーフ（Thomas Schaaf）氏と、スペインラ・リーガのデポルティーボ・アラベスのスポーツディレクターを務めるセルジオ・フェルナンデス（Sergio Fernandes）氏にテクノロジーとデータに関して率直に感じていること、現在取り組んでいることを聞いてみた。

データとテクノロジーの未来と限界

ＳＴＡＴＳ ＰＥＲＦＯＲＭ社の前身ＳＴＡＴＳ社の歴史はこの分野としては非常に古く、設立は１９８１年まで遡る。データスタジアム時代から交流があったが、今やすっかり世界最大のスポーツデータカンパニーとしての地位を確立している。ＳＴＡＴＳという名前はStatics（統計）を意味するので、それが社名の由来と思われがちだがそうではない。Sports Team Analysis and Tracking Systemの頭文字を取ったものだ。１９８０年初頭にスポーツチームの分析やトラッキングシステムを視野に設立されたという意味で、正しく先見の明があった。ＳＴＡＴＳ社の名前は『マネーボール』にも登場したが、単に野球のパフォーマンス分析に使われただけでなく、ファンタシーゲームを通して多くのファンにスポーツデータの楽しみ方を伝えてきた。野球から始まったが、その後バスケットボール、アメリカンフットボール、アイスホッケーといわゆるアメリカの４大スポーツに広げ、ダーツ、チェスなどのデータまで幅広く取り扱うことになった。１９９６年にモトローラとともに試合中のデータ配信の権利に関する訴訟で勝利したが、この一件はのちの試合中のデータを第三者に配信するサービスの事業化を公式に認めさせたという点で重要な意味を持った。独立系の会社だったが２０００年以降、FOX Sports、News Corporation、Associated Press社といったメディア企業からの出資を受け入れて影響力を拡大していった。米国内におけるスポーツデータ及びテクノロジー分野のリーディング企業だったが、2014年に前述のメディア企業がVISTA EQUITY PARTNERSに株式を売却した頃からグローバル企業への成長スピードを速めていった。

欧州のサッカーデータを扱う企業、AMISCO、PROZONEなどの買収、合併はグローバル化に向けた戦略の一端だ。PERFORM社との合併もSTATS社のグローバル戦略の文脈で見るとわかりやすい。今回話を聞いたイェン・メルヴァン氏は、元々AMISCOのスタッフで日本で初めてトラッキングデータを取得するプロジェクトを行ったときからの仲だ。彼はデンマークの元サッカープレーヤーでAMISCOのProduct Managerとして20年以上、ヨーロッパのプロクラブ向けにパフォーマンス分析のソフトウェアを提供している。ヨーロッパにおけるトップビジネススクールやフランスサッカー協会でも講演実績を持つ逸材だ。

データ提供者の視点

イェン・メルヴァン氏

STATS PERFORM フットボールプロダクトマネージャー

世界で最も多くのスポーツデータを保有しているSTATS PERFORMの提供してい

るサービス、開発中のサービスがどのようなものなのか、そして現状における課題について話を聞いた。以下、イェン・メルヴァン氏へのインタビューをお届けする。

――STATS PERFORMは今やサッカーだけでもいくつもブランドがあり、たくさんのデータを保有していると思いますが、どのように合理化を図っていくのですか？

「今AMISCO、PROZONE、OPTAと色々なスポーツデータの会社を買収して複数のブランドを持っていますが、会社としてはいずれSTATS PERFORMという新ブランドに統一していく方向だと思います。ただOPTAは、Press Boxというサービスを放送業者やベッティング企業向けに提供しているので、そのブランドは維持していくかもしれません。各社がそれぞれ取っていたデータに関しても無駄がないように統合の作業を進めている最中です。

そして、今感じているのはデータ革命がどんどん進んでいるということです。特にデータの種類と量が増加するスピードがものすごく早まっています。しかし、それを積極的に使う側とそれほど変わっていないところで分かれているようにも感じます」

――スポーツデータの最前線を走っているものとして、世界はどのように変わってきていると感じていますか？

「今2つのことが起きていると思います。10年前、いや5年前までは、データにアクセスすることが大事でした。そして、そのデータ個々に意味づけしようとしていました。しかし、それらのデータは固有のもので、必ずしも統合されたものではありませんでした。その時代、あなたと一緒に仕事をしていたとき以降に何が起きたでしょう。この分野にＡＩテクノロジーと呼ばれるサイエンスが入ってきました。データを統合し、ＡＩによって処理するということが行われるようになってきました。その結果、非常にダイナミックかつ複雑な問題を容易に解決することができるようになってきたのです」

――この仕事をしていて今は当時より多くのクラブがテクノロジーに対して積極的に取り組んでいると感じていますか？　特にこの分野への取り組みが進んでいるクラブがあれば教えて下さい。

「今は当時と比べてかなり多くのクラブがデータサイエンスという部署を設けてデータ分析に積極的に取り組み始めました。分析すべき項目をどんどん増やしています。その中で２つ大事なことがあります。一つ目はシステムを日々の選手個人の能力とプレーパフォーマンスを測定するめに活用することです。そして、もう一つは、データを自分のチームのプレースタイルと意思決定に生かすために活用することです。データサイエンス部の人間は、情報を現場に伝えることはするけれど意思決定及びその後のプロセスには関わりません。ここが問題なのですが、彼らはあくまで情報を渡すだけで、その後の意思決定には知らん顔をしています。しかし、こうした意味ではリバプールはデータを渡したままにせず、データと意思決定のプロセスを統合したマネジメントができている非常に優れたチームです。

そのようなチームを増やしていくべきですが、難しい課題を解決しなければなりません。まずサイエンスに関して現場には能力の高い人材が必要です。しかし、それ以前にクラブの中の人間がリバプールのような仕組みを作るために問題の複雑さと、それを解決するための課題について把握していなければなりません。外部の人材は、テクノロジーのスキルは高くても、クラブ内での問題を把握していません。しかし、本当に優秀な人材は異なる分野の業界における問題に対応できる人材です。そうした人材を採用するためにはたくさんのお金をかける必要があります。なぜならクラブが欲しがっているその手の人材はGoogle、Microsoft、AppleなどのＩＴの大企業と競合するからです。彼らは非常にハイスペックで、課題解決に秀でているので、非常に給与の高い企業の職にも就くことができます。それでも、本当に彼らが必要だと思うのなら大きく投資しなければなりません。しかし、このような難しさを理解し、才能ある人材に投資しているクラブも出てきています。そこでは、自分たち独自のモデルを作り上げようとする試みを始めていますが、現状はまだ様々なデータを蓄積しているレベルで、せっかく得た人材を活用して高度な統計モデルの構築にまで至っているクラブはごく少数です。

もう一つ別の問題もあります。それは優秀なデータサイエンティストが情報をコーチングスタッフに届けるときに起きます。データサイエンティストが伝えたい内容とコーチングスタッフに伝わる情報のギャップが大き過ぎるという問題です。それを解消するためには、単に情報を届けるだけでなく、その解釈を伝えられる人間を外部から採用するか、自分のチームにいるサッカー側の人間を育てることが大事になります。正直、どちらも簡単ではありません。このような人材が不足していることが、ほんの一握りのクラブしかデータやテクノロジーの活用面で成功していない理由なのだと思います」

――現状のＡＩを搭載したサービスの進捗状況について教えて下さい。

「ＳＴＡＴＳ ＰＥＲＦＯＲＭの親会社のＶＩＳＴＡがＡＩ企業を買収したのですが、それはＡＩをスポーツの世界でも機能させることを目的としています。ＡＩテクノロジーがスポーツの分野でどれくらい活用できるか色々試している投資のフェーズです。検証作業のために約30～40人のデータサイエンティストが異なるスポーツ競技で様々な分析を行っています。我々が以前から行っているビデオの分析にもＡＩモデルをうまく統合させていこうと考えています。

数年前まで主流だったクラシックなルールベースの分析では、アルゴリズムはクラブのコーチングスタッフたちによって定義されたフットボールのロジックでした。そこでは、例えば、相手選手にプレスをかけるときに、どのようにプレスをかけるべきか、そのために選手はどこでスピードアップすべきかということが定義されていました。ここで問題になるのは、プレスをかけるときに何人の選手を同一視野に入れるべきか、そのためにどのような角度でプレスに行くべきか、どの程度のスピードで行けばいいのか、どの方向を選ぶべきかなど選手が知っておくべき要素はたくさんあるのですが、それらはピッチ上のどこにボールがあるか、その時々の状況下で異なります。人間は自分の目が届く範囲で判断しますが、何が正しいのかが曖昧な状況での判断は苦手です。残念ながらルールベースのモデルでは不確かな状況下において判断するという仕事には限界があります。しかし、新たなＡＩモデルは様々な異なる状況をシステムに入力し、機械学習させることにより曖昧なグレーエリアでの状況下においてどのようなプレーをすべきかについて人間よりも精度の高い決定をすることができると考えています」

――ＡＩが優れた答えを出してくれるのかもしれないことはよくわかりました。しかし、現場で長年指導に携わった経験のあるコーチがＡＩを受け入れるのは抵抗があるように感じます。現場の指導者の感触を教えて下さい。

「まず、サッカーとは非常に複雑なスポーツです。例えば、試合中のシーンについて考えてみましょう。その試合においてどこを強調すべきか、例えば、ビルドアップが最も重要だとしましょう。そこでコンピュータから、ビルドアップのパターンとか何に注意を払うべきかの答えが引き出されます。ＡＩから解決策が引き出されると次に何が起こるでしょう？　現場の指導者はデータサイエンティストに『なぜ？』『なぜそれが解決策なのか？』と尋ねてきます。実はこれは少し困った状況です。コンピュータはある状況下であなたが取るべき最適な方法を見つけてくれました。それには非常に複雑なアルゴリズムが背景にあるので説明することが非常に難しいのです。私自身、ある時コーチに聞かれました。『なぜそのようなプレーをすべきなのですか？　その答えを引き出す根拠は何ですか？　どのような計算が行われたのですか？　そのブラックボックスの中身を教えて下さい』。繰り返しになりますが、コーチが知りたいことはなぜそうしなければいけないか？　です。しかしＡＩは『なぜ』については答えてくれません。しかし、コーチはなぜそのプレーをそのやり方で行うかを自分で理解した上で選手に伝える必要があるのです。ＡＩが『そうしなさい、こうすべきだった。なぜならそれが最適解だから』では選手は納得しませんし、コーチも利用することを控えてしまいます。ＡＩの答えを解釈し、伝えること、そういう面でコーチングは依然重要な役割であると同時に解釈については最大の課題なのです。ＡＩが人間では処理し切れないほどの情報を処理し、最適解を出すことができるという能力を理解すると同時に、現状における限界があることも事実なのでそれを理解しながら上手に使いこなすことが大事だと思います」

――ＡＩはデータを食べれば食べるほど導く答えの精度が上がってくると思います。試合で行われるプレーは、実はそのときだけのものではないと思います。それまでのトレーニング内容、選手が持つ身体的特徴と能力、コンディション、認知能力、あるいはプレー日とその前のメンタルの状態も影響があるはずです。それら様々なデータを取り、アルゴリズムに組み込むようなことも始めているのですか？

「メンタルを含む様々な情報を考慮することは重要だと理解しています。以前メンタルの情報を取り込むのを試みたことがありますが、メンタルは様々なことに影響され、主観的なことなので簡単ではありませんでした。ピッチ上のメンタルリアクションを例に考えてみましょう。得点を取った後のパターン一つをとっても南米の選手とその他の地域の選手のリアクションでは大きな違いがあります。しかし、それぞれの地域におけるそれぞれの反応は至ってノーマルです。つまり、メンタルに関してはその人固有の性格だけでなく、生まれた場所の文化、状況などが絡み合い、非常に複雑かつ多くのファクターがあるのです。そのため、当時はシステマチックなアプローチができませんでした。メンタルの分野についてはまだ十分ではありませんが、重要性を理解しているので、今後何らかの形で取り組んでいくべきだと考えています。現在取り組もうとしているのは、プレーしていないときの行動を分析することです。睡眠時間、就寝時間、起床時間、休息、趣味などライフスタイルについての分析について今後取り組もうとしています。しかし、選手たちのプライベートなエリアにどこまで踏み込み、どのような調査をするのかに関しては、倫理的な問題があります。

欧州における堅牢なデータ保護の観点からも、サッカークラブは、24時間の選手の生活についてチェック可能な権利は持っていません。選手も自分のすべてのプライバシーを開示することは認めていません。将来的には可能性はあるが、この分野を進めていくにはプライバシー及び倫理に関する構造的な問題が含まれているので少し時間がかかると思っています」

――昨年中国でSTATS社のスタッフのプレゼンを見たときに、ピッチ上を34分割して、それぞれのエリアでのゴール期待値をリアルタイムで表示するシステムを見せてもらいました。どのようなサービスか教えて下さい。

「あれはピッチをＡＩが導いたセクションごとに分け、それぞれのセクションでどのようなプレーが行われているのかパターン分析するためのシステムです。プレーのパターンを理解しようとしています。例えば、シュートに向けた一般的なパターンや、どのようなパターンから危険だと思われるプレーが生み出されるのかがわかります。様々なパターンを理解することにより、時間をかけずにどのように対応すべきか手を打つことができます。一つの分析ソリューションです。これらＡＩベースのシステムは来期にはリアルタイムでサービスが可能になる予定です。これが意味することは試合中に選手がどのようにプレーすべきか提案してくれるということです。例えば、我々は試合中のフォーメーションの変化について分析し対応しようとしています。しかし、これは非常に複雑で難しい作業です。試合中選手たちは選手間のポジションチェンジを絶え間なく繰り返しています。お互いにカバーし合うプレーや、ボールの位置によって選手たちは立ち位置を変えます。それを理解した上でどこにポジションを取るべきかをリアルタイムで分析するシステム開発に取り組んでいます。

これは戦術分析のために非常に役立つものだと思っています。４－４－２、あるいは３－５－２というシステムと実際の試合中の選手たちのポジションとでは大きく異なっています。このシステムによってチームは、決められたポジションと実際のポジションが大きく異なっていることを認識し、どのような手を打てば効果的なのかを認識すると思います」

当たり前だが、サッカーをプレーするのは人だ。

それはAIでもなければそれを扱う人でもなく、サッカーのトレーニングを積んだ選手たちだ。そして彼らをサポートする専門家たちがいる。試合でプレーする選手及び集団の能力を最大限発揮させるという目的のためにテクノロジーは活用される。AIもデータもすべて目的を達成するための手段だ。しかし、その手段は実際に起きたこと、様々なエビデンスを元に考え出される。そのエビデンスの情報の処理は人間のできる能力の範囲を超えることもある。だが、処理を行うためのロジックの基本の設計は人間の作業だ。

莫大な量のデータからロジックに沿ってフィルターを通り抜け、今必要なデータが生成されてくる。そのデータには何か大事なことが込められている。しかしデータは何も語らない。データに込められたメッセージを読み取り、選手をはじめ必要な人に対して語り掛けるのは常に人間の役目だ。

自分にしかできないこと、自分ではできないこと、テクノロジーの発展により役割分担は大きく変わった。しかし、分担する役割の重要度に関してはそれほど大きな変化は起きていない。データを読み解く力、伝える力を向上させる努力を怠らない限り、それはこれからも変わらないと思う。

大事なことはテクノロジーサイドから送られたパスをダイレクトで次の人に渡すのではなく、一度自分の足元に止め、そのパスの意味をしっかり考え、解釈した上で、次に受け取るべき人に伝えるべきメッセージとともにきちんと繋ぐことだ。世界のサッカー最前線では、我々が思う以上に未来に起きそうなことが現実として起きている。

アナリストとしてプレミアリーグとＪリーグの経験者の視点

エドワード・サリー氏
Ｈｕｄｌ社　Customer Solutions部門　ディレクター

次の話の舞台となるプレミアリーグは、世界で最もお金が動くサッカーリーグだ。２０１８－19シーズンの収入は54億6千万ユーロ（約６７００億円）で約１３００億円のＪリーグの５倍強だ。

デロイトフットボールマネーリーグによると売上トップ20の中にプレミアリーグ所属クラブは８チーム含まれていて、その８チームの売上総額は約４８００億円だ［図１］。

3位にランクされたマンチェスター・ユナイテッドはプレミアリーグのクラブではトップだったが、ＵＥＦＡチャンピオンズリーグの出場権を獲得できなかったことで、翌期の売上は７６４億～７９５億円まで落ちることが予想されている。一方、マンチェスター・シティ、リバプール、トッテナム・ホットスパーズは順調に収益を伸ばしている。リバプール、トッテナムはそれぞれチャンピオンズリーグでの優勝、準優勝という成績に伴い、翌期の収益は

[図1 2018-19シーズンのクラブ収入ベスト20]

順位	クラブ	収益(百万ユーロ)／収益(億円)
1	FCバルセロナ	840.8／1,051
2	レアル・マドリード	757.3／947
3	マンチェスター・U	711.5／889
4	バイエルン・ミュンヘン	660.1／825
5	パリ・サンジェルマン	635.9／795
6	マンチェスター・C	610.6／763
7	リバプール	604.7／756
8	トッテナム	521.1／651
9	チェルシー	513.1／641
10	ユベントス	459.7／575
11	アーセナル	445.6／557
12	ドルトムント	377.1／471
13	A・マドリード	367.6／460
14	インテル	364.6／456
15	シャルケ04	324.8／406
16	ASローマ	231／289
17	リヨン	220.8／276
18	ウエストハム	216.4／271
19	エヴァートン	213／266
20	ナポリ	207.4／259

(1ユーロ=125円)

さらに伸びるだろう。プレミアリーグに所属するクラブが、リーグ戦で好成績を収め、チャンピオンズリーグに出場することは競技、ビジネス両面での好循環を生み出す。

エドワード・サリー氏はリバプールのJohn Moores Universityでバイオメカニクス、サイエンス&フットボールを学んだ後、ボルトン・ワンダラーズでパフォーマンス分析のヘッドを務めた。2008年にマンチェスター・シティに加入してからは、トップチームにてゲーム分析とフットボールテクノロジーの部署で経験を積み、その後、シティフットボールグループのパフォーマンス分析及びResearch & Innovation部門のトップ、さらにはアジア地域のPerformance Services Deliveryのマネージャーとして、グループクラブであるニューヨーク・シティFC、メルボルン・シティFC、横浜F・マリノスなどの戦略策定やパフォーマンス分析に携わってきた。現在はスポーツコードやWyscoutなどを扱う、スポーツ分析ソフトウェア会社のHudl社にてCustomer Solutions部門のディレクターを務めている。彼はプロサッカー選手ではなかったが、17歳でUEFAのコーチングライセンスCを取得し、アカデミーコーチとして経験を積んだ。その彼が、世界のトップクラブで〝モダンフットボール〟、〝モダンコーチング〟における重要な役割を担い続けたという事実は興味深い。また、分析の分野でプレミアリーグを経験した人間が日本のJクラブと仕事をするというのも非常に稀なケースだ。それはシティフットボールグループのようなグローバル戦略遂行のプロセスにおいてのみ起こり得ることなのだろう。

日本で2000年初頭から提供され始めたデータは、それから20年経った今もそれほど上手に活用されていない。日本におけるデータ、テクノロジーの普及における現在地を確認するためにはエドワードのような経験を持つ者が適任に違いない。

「映像やプレーごとのデータ、トラッキングデータなど、扱うデータはイングランドも日本もほぼ同じです。イングランドでは2014年以前はそれらのデータが誰でも無料で入手できるような状況ではありませんでした。しかし、2014年以降、複数アングルの広角映像、プレミアリーグのオフィシャルデータプロバイダーのOPTAによるプレーデータ、トラッキングデータがリアルタイムで得られ、過去のデータも併せてダウンロード可能になりました。それらのデータや映像は対戦対手の分析や選手の補強等に活用されています。トラッキングデータに関して言えば、2020-21年シーズンからは、STATS PERFORM社とアメリカでNBAやMLBのOfficial tracking & analytics providerのSecond Spectrum社のコラボレーションにより、これまで以上に広範囲で深いデータが提供されることになります。データが解放されることにより提供する側、使う側で様々なゲームチェンジが起こりました。データの普及はより多くの創造的な思考を生み出し、プレミアリーグではデータサイエンスが非常にポピュラーになりました。こうした背景でチームとしては誰もが持てる情報をどれだけ効果的に使うか、それを遂行してもらえる人材が必要になってきたわけです。

これがイングランドで起きたことです。そのような変化を見た後、私は横浜F・マリノスとほぼ5年間を過ごしました。その間マリノスのトップチームの結果という意味ではとても良い旅を続けることができました。しかし、テクノロジーはじめそれ以外の分野ではJリーグ全体としてまだ成長できる余地はあると感じました。例えば、Jリーグではデータへのアクセスは有料でクラブへ提供されています。しかし、映像、イベントデータ、トラッキングデータをクラブだけでなく、すべての人に何の制約もなしに無料で開放することにより、日本サッカーの風景が変わると思っています。そのことで世界中のクリエイティブな人の目が日本のサッカーに向くはずです。しかし、日本では、まだ外の人を振り向かせることはできていません。中の人であってもデータに対しては十分に目が向いていないように感じます」

（エドワード）

日本でも欧州の主要リーグで使っている各種テクノロジーを輸入して運用しているが、活用法、指導プロセスへのテクノロジーの組み込み、人材育成などエドワードが話してくれたようなゲームチェンジは起きていない。なぜ起きないのだろうか。

「プレミアリーグについての話をさせて下さい。そこでは所属するすべてのクラブが放映権からものすごい額の収入を得ています。その収入を何に投資すれば効果を出せるか、その判断にはクリエイティブな思考が必要です。プレミアリーグでの優勝争いやものすごい金額が動く欧州フットボール界の一大イベント、UEFAチャンピオンズリーグ出場権を得るための戦いを繰り広げるチームは、激しい競争を勝ち抜くために自分たちの優位性を見つけようとします。そして下位チームも同様にこのリーグに残るための優位性を必死に探しています。それはプレミアリーグに残るのと、下のリーグに落ちてしまうのとでは収入面で天国と地獄ほどの差があるからです。欧州では、勝つことはクラブの経済的利益に直結します。しかもその金額は莫大です。

こうした状況は、オーナーの投資意欲を掻き立てます。チームの優位性を見つけるために、エビデンスベースの強化、指導など近代的なやり方の人材を探すことはここ10年間、特に2014年以降のプレミアリーグのトレンドです。今では様々な目的でデータを利用するために、ほとんどのチームがフルタイム、あるいはパートタイムのデータサイエンティストを抱えているか、外部のデータ分析の専門家と契約しています。データの最も重要な利用法の一つはコーチングのサポートです。データの専門家の役割はコーチングプロセスをサポートすることが求められます。欧州の強豪チームはリーグ戦以外にも試合が行われるため、試合と試合の間隔は非常に短くなっています。コーチたちは、ゲームプランを考えるためのプロセスを回すスピードをあげるために科学的アプローチが必要なのです。科学的アプローチの質を高めるために、多くのチームが積極的に投資を行っています。つまり、フットボールの影響力の大きさとビジネスの規模が、ゲームチェンジが起こった理由だと思います。そういう意味では日本も徐々にゲームチェンジが起こる環境が整ってきたのだと思います」

プレミアリーグでは、データへのリーチが格段と容易になったことで、自分たちの優位性を見つけ、生かすための、エビデンスベースで強化するためにデータを効果的に活用するマインドが高まってきたという。エビデンスベースとはどのような考え方か、日本のサッカーの現場でも使われているのだろうか。

「この時期のマンチェスター・シティで働くことができたのは非常に幸運でした。コーチたちは積極的にエビデンスを彼らの仕事のフローに組み込んでいきました。それは強化のフローにおいて、特に指導面で非常に重要です。なぜなら、コーチがエビデンスを元に分析した指導でなければ選手たちはあまり聞く耳を持たないからです。

エビデンスベースのコーチングのプロセスの良い例があります。2016年2月にジョゼップ・グアルディオラ（ペップ）が監督に就任しました。最初のシーズンの3位という成績は前年度の4位と比較してそれほど悪い結果ではなかったものの、本当の意味での成功ではありませんでした。そこで彼はシティグループのデータサイエンスチームを活用し、チームの改善に取り組み始めました。最初にトレーニングメソッドの検証を行いました。ペップはあえて自分たちに批判的に『私たちのトレーニングは本当に試合を反映するものになっているのか？』と問いかけました。そして、プレミアリーグ過去3シーズン分のすべてのシュート、得点を分析することにしました。2014年からのすべての試合からシュートシーンを抜き出し、すべてのチームがボックス内で何回タッチし、どれくらいの時間をかけてシュートを行ったか、得点に結びついたのはどういうケースかというデータセットを用意しました。ペップはデータからすぐに答えを見つけました。自分たちのチームは得点するまで他のチームより時間をかけていたのです。そこで彼は自分たちのトレーニング方法を見直しました。ペップはすべてのトレーニングセッションを撮影しています。それを見ながら自分のチームの状況の把握に努めました。トレーニングドリルの映像、トレーニングマッチから、シュートに関連するものをすべて見ました。次に、プレーヤーがボックス内でタッチするのにかかった時間を計測し、そのプロセスを分析しました。私たちはリーグ戦だけでなく、トレーニング中もシュートを打つまでに時間をかけ過ぎていました。ペップはこのエビデンスを元に、トレーニングセッションを再設計しました。これがエビデンスベースの改善です。これに取り組んだ2017－18年シーズン、マンチェスター・シティは勝点100、106得点27失点という圧倒的強さでプレミアリーグ優勝を果たしました。

日本では、コーチとは選手から尊敬されるべき存在なので、選手もコーチに何かを尋ねることは少ないですし、コーチも選手に説明することをそれほど重要だと考えていないのではないでしょうか。しかし、モダンウェイにおいては選手の〝なぜ〟をたくさん引き出すことが大事です。かつてコーチは、〝なぜ〟と聞かれることを好みませんでした。しかし、世界中で成功しているコーチは、その〝たくさんのなぜ〟を喜んで受け入れています。同時にコーチは、プレーヤーが〝なぜ〟と尋ねる前から、〝なぜ〟を理解しています。それが今のトップコーチです。どの年代であれ、選手が〝なぜ〟と尋ねたときにコーチが、その答えを持っていない、あるいは私はあなたに説明する気はないという態度を少しでも見せたら決して信頼関係は作れないでしょう。代わりに、選手を包み込み、〝良い質問だ！〟そして〝なぜ〟を説明する。〝なぜ〟の答えのベースとしてエビデンスやデータは非常に重要な役割を担うのです。〝なぜ〟に対するやり取りの少なさが日本で感じたことの一つです」

エビデンスから状況を把握し〝なぜ〟それが起きたかを分析する。その分析結果を元に、仮説を立て、悪いことであれば改善し、良いことであればさらに伸ばす。そうした一連のプロセスはビジネスの現場では当たり前に行われている。より良くするための仕組み作りであれば業界は関係ない。今の欧州サッカーの急激な近代化の流れは、日本のサッカービジネスの巨大化とセットの文脈で考える必要がある。プレミアリーグで先行して行われたことは、Jリーグでも起こり始めている。勝つこと、下のリーグに降格しないための優位性を見つけるプロセスの重要性は高まってきている。そのためにはエビデンスベースの考え方が重要なはずだ。そのためには人が重要だ。プレミアリーグではどのようにして人を見つけたのだろうか。

「我々がシティフットボールグループで何をしたか、どんなことが起きたか話をさせて下さい。2014年以降様々なデータが活用可能となり、そこでエビデンスベースで思考していたアナリストたちは、次に必要な新しいスキルをみつけるために大学に向かいました。その新しいスキルがデータサイエンスです。

その流れは、アナリスト育成のためのトレーニングコースとしても加えられました。大学に行くことによって、そこではスポーツに興味があって、アナリストと同じようにフットボールにサイエンスを取り込む試みをしていた人が見つかり、優秀で情熱ある人がクラブに来たのです。分析のプロセスにおいてTableauのようなビジネスインテリジェンスツールやその他の優れたツールが使われています。Tableauはデータを最大限活用して問題解決を図るビジュアル分析プラットフォームでSalesforce.comにポートフォリオの大事な一部として買収されました。Tableauにはたくさんの異なる業界のユーザーグループがあり、フットボールユーザーグループもあります。ここはスポーツデータの分析に取り組んでいるデータサイエンスのコミュニティにとって重要な場所です。そこではスポーツだけに留まらず、その他のテクノロジーや分析手法、問題点に関しても共有でき、別の人からの刺激を得ることができます。このような場所からも優秀な人材が育っていきます。

今後データサイエンスに基づくパフォーマンス分析は積極的に投資されるべき分野の一つなのです。そのためその研究機関として多くのＩＴ企業から大学への投資がもたらされ人が育っています。日本でもこのような流れができてくれば素晴らしいと思っています」

このようなエコシステムができることが理想だ。しかし、このような理想的な状況ができ、データサイエンティストがＰＣの置かれた部屋とピッチ上とを頻繁に行き来し始めるとき、データが独り歩きする危険性、データを受け入れる側のマインドセットなど新たな問題は起こらないのだろうか？

「私はデータサイエンティストたちがデータの側面からだけ物事を考えて、エビデンスをコーチングの実践に入れこむことは望みません。コーチとはお互いの立場から試合を理解するために、緊密に仕事する関係性を作ることが大事です。彼らの言葉を理解し、何が起きたかというエビデンスを携え、試合について彼らの考え方に立ち戻る。これがお互いを理解するということなのだと思います。本当に素晴らしいデータサイエンティストとは、優れたサイエンスに関する知識、素晴らしいパフォーマンス分析能力を持ったコーチのようなものです。彼らはコーチのことも言葉も理解できます。彼らは自分の持つサイエンスの知識をコーチの仕事のやり方に適応させることができます。彼らは本当に必要な情報を見つけ、コーチに提供します。時に彼らは自分の言葉のように話もします。彼らはコーチの言葉に説得力を持たせるために本当に一生懸命働きます。逆にうまくいかない場合、すなわちデータサイエンティストと長年現場で仕事してきたコーチとが寄り添い合わない状況は、コーチの言葉を理解せず、彼らが試合を見て、感じたことを認めないで、エビデンスだけを主張し、対抗するようなやり方をするような場合です。彼らはデータこそが絶対的なものとして考えようとしています。自分のアプローチを押し付け過ぎようとしています。成功する人は深く考え、サイエンスをフットボールの言葉で話をしながら、お互いの良好な関係性を見つけます。これが本当に大事なことなのだと思います」

日産からマリノスのモダン化、すなわち、シティフットボールグループのチームの強化コンセプトを持ち込み、日本式に適応させて欲しいというリクエストに応えるために、エリク・モンバエルツ、アンジェ・ポステコグルー（アンジェ）という指導者が招聘された。モダン化していくためには指導者が重要だと考えられたからだ。エドワードがアンジェについて話をしてくれた。

「アンジェの考え方はペップとよく似ています。彼は自分が〝なぜ〟そのやり方をしたのか、その合理性を説明するために多くの時間を割きます。合理性を説明するためのエビデンスを本当に大事にしています」

エドワードからは何度も、プレミアリーグでは良い成績を収めることが非常に重要で、そのためにいかに近代的アプローチが大事か述べられてきた。DAZNとの契約により、Jリーグでも同じようなことが起こり始めている。そうであれば、勝利のためのプロセスにエビデンスベースの考え方は絶対に必要なはずだ。

クラブのサッカー部門責任者の視点①

トーマス・シャーフ氏
ヴェルダー・ブレーメン　テクニカルディレクター

ブレーメンはブンデスリーガに所属するクラブで創設は1899年という歴史あるクラブだ。

古くからサッカーだけではなくテニス、クリケット、野球、チェスなどのスポーツを行う総合型スポーツクラブとしてブレーメンの街に存在している。

過去に1980-81年シーズンに1年だけ2部でのプレーを余儀なくされたが、それ以外は常に1部でプレーしている。1981年〜86年には、日本人のプロサッカー選手第1号の奥寺康彦がプレーし、2018年からは現日本代表の大迫勇也が所属し、2019-20シーズンを16位で終えて1部残留に導いたことは記憶に新しいところだ。

クラブとしては、2009-10シーズンにリーグ戦3位という戦績を残して以来、一桁順位の後半から中位を行ったり来たりしている中堅クラブだ。

ブレーメンの2017年~18年の事業規模は1億1400万ユーロ、日本円に換算すると約140億円（1ユーロ=125円で算出）だ。この額は先に発表された2019年シーズンのJリーグの決算において日本で初めて100億円を突破したヴィッセル神戸の114億円を20%以上も上回っている。

しかし、ブンデスリーガの18クラブでは中の下程度の予算規模で運営されている。そんなクラブがテクノロジーやデータに関してどのような考えを持っているのか、テクニカルディレクターという役割を担うトーマス・シャーフ氏に話を聞いた。

トーマスは、選手として1978年から1995年ブレーメン一筋で17年間プレーし、指導者としても1999年から2013年まで監督として指揮を執り、その後、長谷部誠や乾貴士が在籍していたアイントラハト・フランクフルトやハノーファー96でも監督を務めている。トーマスとは、2015年5月にフランクフルトで話す機会があり、テクノロジーに関する知見を備えた上での指揮が印象的だったので今回改めて話を聞かせてもらった。

――私はあなたと同じ年齢だが、我々がプレーしていた時代、30年以上前は自分がどれだけ走ったか、何回ボールを触ったか、成功率はどれくらいかを知るためのデータなどなかったですよね。しかし、今はデータを取得し分析するためのテクノロジーが普及している。現状のトレンドについてどう感じているか教えて下さい。

「もうかなり前からサイエンスがフットボールの世界に入ってきている。そこで我々のフットボールの仕事のし方は間違いなく変わってきた。これまで我々が築き上げてきたフットボールの技術やトレーニングに関する様々な情報がテクノロジーのおかげですべてデータとして取得できるようになった。その結果、どのエリアでは、どのようにプレーすべきか、どれくらいの距離を、どの程度のスピードで走ればチームのために効果的かということさえもわかるようになってきた。年々選手や試合に関する情報量が増えてきていることはとても興味深いトレンドです。その結果、選手がトレーニングする際にスピードトレーニングが必要だとか、パワートレーニングが必要だとか、個別に要求すべきことがより具体的になってきました。別の側面としては、テクノロジーのおかげで我々は見たい選手、試合におけるポイントになる場面をワンクリックでいつでも呼び出して見ることができるようになりました。テクノロジーは当初トップの選手に多くの恩恵を与えましたが、現在はユースの選手、アカデミーの選手、すべてのサッカー選手に対しても恩恵を与え始めています」

——今プレーメンではクラブとして自分のチームのことや選手、そして試合する際には対戦相手の分析のためにテクノロジーやデータをかなり力を入れて活用していますか？

「もちろんです。私は、テクノロジーのことを聞かれると、黒板とチョークしか使いませんと冗談を言いますが、実際は、過去にブレーメンで監督をしていたときからテクノロジーを取り入れています。走行距離、スピード、コース取り、スプリント数、心拍数がわかるGPSシステムはフランクフルトにも持ち込みました。フランクフルトでは、練習試合の撮影と同時にGPSシステムの着用を義務付け、データを蓄積していきました。フランクフルト大学と提携し、蓄積したデータと映像を統合し分析する試みも行いました。それらの情報は、選手のパフォーマンスアップのためのトレーニングの組み立てに生かすためです。

ブレーメンでは、フランクフルトでのトップチームで行ったことを元に、ここでプレーするかなり若い年代から映像やデータを蓄積し、成長の度合いを見ています。それらの映像やデータから彼らが行うべきトレーニングについてもしっかりコントロールしてプレーヤーとしての成長をサポートしています。トップのカテゴリーでは、トレーニングメニューの計画以外に、相手チームや自分のチーム、選手のプレー状況をより深く、より正確に理解するために使っています。単に状況を理解するためだけでなく、どのようなシステムで選手たちがどのようにプレーすれば効果的か、様々なシミュレーションも行われ、監督の仕事はかなり効率的に行われるようになり非常に役立っています」

――日本では、自分がこの仕事を開始した頃から少しはテクノロジーやデータの理解は進んできているとは思いますが、まだ経験や、目に見えない力、非認知能力への依存度が高いと感じています。一方海外の指導者や、クラブ経営者と話をするとデータへの理解やテクノロジーの活用はかなり進んでいると感じます。とはいえ、それらのみに目が行くのも危険な気がします。テクノロジーやデータを活用するとき、どのようなことに気を付けるべきだと考えていますか?

「まずサッカーにおいては、サイエンスだけがすべてではないということは理解しておかなければいけません。試合の中のデータからすべてが理解できるわけではありません。あなたの目にもその選手がどのような状態なのか、どのようにプレーしていたのか、かなり多くの重要な情報が含まれているはずです。そこで気が付いた内容を話すだけでなく、どのことを伝えたかったのかディテールにこだわり、データで検証し、映像で見える形で正確にフィードバックする作業が必要です。大事なことは、サッカーにおけるサイエンスの発展や革新を受け入れ、その良い部分を理解しつつ、良くない部分、自分にとってしっくりこない部分についても理解し補うことです。つまり、テクノロジーを使いこなす一方で、コーチとしてどの選手が良い選手なのかを感じること、それを見極める目を持つこと、自分なりの好みをしっかりと持っておくことも大事なのです。自分自身は新しいものに対しては常にオープンなスタンスで臨んでいます。一方最終的な価値判断は自分自身で行うことにしています。テクノロジーは便利に使うものであって、それに使われてしまわないように気を付けるべきだと思います」

——最後に、これからもテクノロジーやデータはその重要性が増していくのか、あるいは、やはり人の重要性に気が付きテクノロジーへの依存度は減っていくと思いますか？

「これまでに相当な技術的な進歩がありましたよね。試合を撮影して映像化することから始まり、今は試合で起きたことをすべてデータ化できます。つまり、試合と実際に起きたことをビジュアル的に再現できて、今やすべてのイベントがリアルタイムにPCのスクリーン上で見ることができるようなりました。映像分析からデータ分析に発展してきました。トラッキングデータにしても最初は距離とかスピードとかがわかるだけでしたが、今はポジティブラン、つまり、チームの攻撃に結びつくランニングなのか、あるいは守備の対応に追われてしまうネガティブランなのかという走りの質もわかるようになってきました。このように進化はこれからも続くはずです。これまでは、データとか映像は自分たちだけの所有物でしたが、今は世界中の試合やデータがスマホを通してどこでも見ることが可能です。そうした素材を編集した映像やデータを特定の選手に送りオンラインで指導することも可能になりました。VR技術の利用や、複数のカメラを統合して様々な視点からの映像で分析することも可能になってきました。このように分析を行うために様々なツールの開発は今後も続いていくことでしょう。そのようなツールを使ってリアルタイムに分析し、ハーフタイムに試合の前半を振り返りながら後半の戦い方を決めることも可能になります。

しかし、前に話した通り、コーチのフィーリングと目はやはり非常に重要です。テクノロジーの進歩、データと専門家の感覚と目の最適な融合がこれからは重要になってくるはずです。それは増え続ける情報の中で本当に有用なものを判断して伝えることがますます大事になってくるからです」

クラブのサッカー部門責任者の視点②

セルジオ・フェルナンデス氏
デポルティーボ・アラベス　スポーツディレクター

デポルティーボ・アラベスは、ラ・リーガに所属するクラブで、2018-19シーズンは乾がレンタルでプレーしていたチームだ。1921年と歴史は古いが、その大半を2部及び3部リーグで過ごしていたが、2015-16シーズンには2部での優勝を果たし、翌シーズンからここまで1部をキープしている。2007年には破産法が適用されたこともあったが、現在は、スペインでスポーツビジネスを展開するBASKONIA-ALAVES GROUPという企業の一員として、スペイン以外にもフランス、クロアチアなどにもクラブを保有している。サッカー以外にもプロバスケットボールチームを持つ現オーナーに代わってからは、様々な革新的な試みを行い、それに伴いチームの戦績も安定し始めてきたところだ。経営規模で言えばラ・リーガでは小規模の部類に入るが、それを様々な工夫で克服しながら強豪ひしめくリーグで健闘している。2年ほど前にバスク自治州の州都ヴィトリアにあるアラベスを訪れる機会があった。様々な取り組みに興味を持ち、それ以来ＣＥＯのアリツ・ケヘレタ氏と情報交換させてもらっている。今回アリツの紹介で、アラベスでスポーツディレクターを務めるセルジオ・フェルナンデス氏とテクノロジーに関するこれまでの取り組みについて話をさせてもらう機会を得た。

話をした8月上旬は、イレギュラーな２０１９－20シーズンを残留という形で終え、現状32人いる選手をリーグ登録の25人に絞るという作業をしているときだった。

「アラベスでは、テクノロジーを二つの目的で使っています。一つは選手に関わるスカウティングのところで、Scout7というシステムを使用しています。もう一つは分析を目的としたシステムです。選手のスカウティングに関しては７人のスタッフがいます。７人のスタッフそれぞれに役割があります。欧州の主要リーグを見るスタッフ、中南米のリーグを見るスタッフ、北米や、日本含むアジアを見るスタッフに分けています。アラベスではポジションごとに役割を明確にしているので、その役割に合う選手をシステムで探し、実際に見に行きます。週ごとに、各地に散らばっているスタッフで実際に見に行った試合におけるプレーの印象や各自の分析について情報を共有します。そして最終的にその試合におけるプレーパフォーマンスやフィジカルの状態などのデータを改めてシステムで確認します。

私がアラベスのスポーツディレクターに就任した5年前に感じたことは、ファーストチームの選手のクオリティが十分でないということでした。そのため、個々のレベルを上げるためには、アカデミーの年代からファーストチームで通用する選手を育てる必要性を感じ、アカデミーの選手の情報の蓄積と分析を充実させることが必要だと考えました。

そのため、情報の蓄積と分析を目的としたシステムは今から5年前に自分たちで開発しました。今ではアカデミーだけでなく、ファーストチーム、ユースチーム、とすべてのカテゴリーで活用しています。試合だけでなくトレーニングから映像やデータを取っています。選手ごとに技術面、戦術面、フィジカル面のデータを取り、その選手が目指すべきゴールをデータから具体的に示すことにしています。コーチングスタッフが分析し、各選手にフィードバックしながらトレーニングで一つずつ課題を克服し、より高いレベルの選手に育てるというアプローチを続け、ここまで十分な結果が出ていると感じています」


2年前にアラベスでU－12、U－15、アカデミーのトレーニングを実際に見たが、練習場に出てくる前に30分くらいプロジェクターに様々な情報を映し出しながらミーティングをしていたこと、分析ルームの施設が充実していたこと、実際に練習の撮影とフィジカルの計測を行っていたことを思い出した。

セルジオには、多くの人が課題だと感じている分析する人をどのように探すのか？　あるいは、現状のスタッフをどのようにテクノロジーオリエンテッドな人材に育てたのか聞いてみた。

「5年前にこのプロジェクトを始めたときに、アラベスをアラベスが存在する街全体でみんなで一緒に強くしていけないだろうかと考えました。そのために、選手はもちろん、コーチングスタッフも、その他のスタッフもこの街出身の優秀な人材を取り入れることから始めました。まずローカルにおける基盤を作ってから、次のステップとして自分たちのプロジェクトで何を行うかをしっかり理解し、その上でそれを実行するために必要な知識や能力を持った人材を外部、海外からも連れてくるというステップを踏みました。例えば、チームのプレーを構築するメソッド部門のディレクターはカタールのアスパイア・アカデミーから来てもらいました」

補足すると、アスパイア・アカデミーとは、2004年にカタールの国家的育成プロジェクトして設立されたアスリートの育成組織だ。2022年にカタールでFIFAワールドカップが開催されることもあり、サッカーの育成にはかなり力を入れている。2014年ミャンマーで行われたAFC U-19選手権において決勝で北朝鮮を1－0で破って優勝を飾ったカタールの選手は全員アスパイア・アカデミーの出身だ。その後2019年のAFCアジアカップ決勝で日本代表を3-1で破ったのは記憶に新しい。このときの登録選手23名中8名がアスパイア・アカデミー出身者だった。指導スタッフとして多くのスペイン人コーチを招聘しているのが特徴で、かつてバルセロナでプレーしていたシャビもそこで指導している。

「他に個人個人の成長を促すことにフォーカスした部門のディレクターには、アトレティコ・

マドリードのインドで育成に関わっていた方が行っています。

自分たちのプラットフォームから出てきた情報を元に、アカデミーの子たちがプロのサッカー選手になるための道のりをより現実的にするためのプロセスを管理する部門のディレクターも必要になりました。そのためにはクラブ内やアカデミーの中で起きている様々な出来事の文脈が理解でき、かつデータが理解できる人材としてイバン・ブラーボの右腕をカタールから採用して自分たちの基盤を強化し続けています。一度自分たちの街で基盤を作った後にこのように外部の人材で強化すると同時に、外部の人材を自分たちのチームにいれることで新しいコネクションができ上がります。結果、今ではマドリードでもどこでも良い選手がいるという情報があればすぐに手に入るようになり、直接アプローチすることも可能になりました」

イバン・ブラーボとは、前述のアスパイア・アカデミーのディレクターで、レアル・マドリードの戦略部門のディレクターを務めていた。彼は、北米のトップビジネススクールの一つで近代マーケティングの父と言われたフィリップ・コトラー氏が教授を務めていたNorthwestern University の Kellogg School of ManagementでＭＢＡを取得している。

アラベスでは、システムを効果的に使いこなすための組織作りに対して独自のアプローチを取っている。そして、システムに関しても、情報を広く、多岐にわたって取るためにデータの専門会社が用意したプラットフォームを使うことと、自分たちのやりたいことを実行するために独自のシステムを開発することを並行して取り組んでいる。こうした、システムへの理解、実践はスペインのクラブの全体的な傾向なのだろうか？　それともアラベスならではの取り組みなのだろうか？

「テクノロジーへの傾倒は、スペインサッカー界の全体的な傾向だと思います。特にコロナ禍においては、サッカーにおける様々な点において見解が今までと変わってきています。例えば、選手は単にトレーニングさえ行えばプレーが上達するという時代は終わりを迎えたと思っています。活動時間が限られ、できるだけ効率的に成果を出さなければなりません。今でももちろん選手が成長するためにトレーニングは行いますが、それに加えて選手の成長のためにどのようなアプローチをすれば最も効果が表れるのか、その答えを見つけるためにはデータ分析が非常に重要になってきています。こうしたアプローチは必ずしもアラベスだけではなくスペインサッカー界全体の傾向だと思います」

フットボールを芸術に例えるスペインのフットボールにとってもテクノロジーが日常になり始めた。芸術とはある意味対極をなすものが重要になってきたことを認めているわけだが、フットボールに加わったテクノロジーという新しい仲間に対してどのように感じているのだろう。

「以前、選手はトレーニングを行い、試合での結果を重要視していました。うまくいけば喜び、うまくいかない、つまり悪い結果が出れば苦しんでいた。結果が悪かったことは当然わかるが自分の何が悪かったのかあまり理解していませんでした。そのような状態で結果だけを見て自分を責め、苦しまなければならなかった。何が悪かったのかがわからない状況下では成長することは難しいです。しかし、今は新しいアプローチがあり、それは明らかに昔より良いアプローチです。自分にとってはテクノロジーの発展とその活用について非常にポジティブに捉えています」

アラベスを通してスペインサッカー界におけるテクノロジーやデータへの取り組みが見えてきた。日本に目を移すと、果たして同じような目線で取り組んでいるのだろうか。スペインではコロナ禍において、サッカーの育成に対するアプローチの考え方と方法が変化し、テクノロジーの利用が促進されたと言い切っていた。同じコロナ禍にある日本でも育成年代への指導の仕方に変化があり、テクノロジーの利用が促進された。多少皮肉に聞こえるかもしれないが、それは社会の一員としての在り方を教えること、検温や健康状態の報告のためのテクノロジーの活用でスペインのそれとは意味が異なる。それも重要であることを理解した上で、本質的な意味で日本でも年代を問わずテクノロジーやデータの活用は進んでいくのだろうか、それはさらに時期が熟すまで待たなければならないのか、あるいは誰かのイニシアティブで促進されていくものなのだろうか。

「サッカーに限らずスポーツは数字だけのものではありません。見て、感じて、動いてという今までのスポーツの概念にテクノロジーの発展とともに新しく詳細なデータというものが加わりました。我々が生きているこの時代はその二つが一緒になろうとしているときなのだと思います。でも、それは急にドラマティックな変化が生まれて来ているわけではないと思います。私たちはその変化のプロセスの中にいて、一つひとつの積み重ねによって変化が促進されていくのだと思います。自分たちがアラベスで行っていることは、正直自分たちが思っているよりもはるかに遅れています。もっともっと進めなければならないこともありますが今はまだプロセスの途中です。我慢しながら少しずつ変化させているところです。日本も今ある状況というものに対して、誰かが行って成果が出たとか、新しいことを始めたという人の動きがポジティブに捉えられるときが来たら広がっていくのではないかと思います。急に変わるのではなく、プロセスの中での成長、その積み重ねの結果が出るまで我慢しなければならないと思います」

データを元に体系的にサッカーを分析した研究者の視点

クリス・アンダーソン氏
『サッカーデータ革命』共著者

日本で『サッカーデータ革命』が発売されたのは2014年の7月頭。FIFAワールドカップ2014ブラジル大会において、ドイツ代表の圧倒的な強さと同時にその背景にテクノロジーや高度なデータ分析が行われていたことが少しずつわかってきたタイミングだった。そして「ロングボールは時代遅れか」というキャッチーな副題もあり、スポーツ×テクノロジーに興味を持つ人々の間では話題になった一冊だ。MLBアスレチックスのGMビリー・ビーンを主人公にデータを活用しながら成功を勝ち取っていくストーリーを描いた『マネーボール』のように、これまで「思い込んでいた」サッカーが本当にその通りなのか、データをもとに明らかにしていく内容である。そこには、欧州4大リーグのイングランド、ドイツ、スペイン、イタリアではそれぞれ明らかにプレースタイルは異なっているものの、各リーグの1試合当たりの得点数は似たような傾向を持っていること、アウェイ、ホームにおける試合結果が毎年似たようになることなど、これまで知らなかった事実を明らかにしただけではなく、

●数字の扱いが長けていることと、数字から価値のある情報を引き出すことは違う。
●アナリストにとってもっとも大事なことは「自分の数字や分析は本当に正しいのだろうか?」と常に疑うこと、問い続けること。
●自分が見たいもの、こうであってほしいことに数字を利用するのではなく、数字が語り掛けてくる真実に耳を傾けることが重要。

といった、分析者が陥りがちな罠や、注意すべき内容が数多く示唆されている。

一方、執筆されたであろう時期である2012年から8年が経ち、さらにテクノロジーが発展し、様々なデータが普及した。結果、「数えられるものすべてが重要なのではなく、重要なものがすべて数えられるわけでもない」はずだったが、当時とは比較にならないほど多くのものが数えられるようになってきた。当時と考え方が変わった部分はないのだろうか?今改めて伝えたいことがないか?作者は今をどう思っているのか知りたいと思っていた。

あるとき、Facebookで著者クリス・アンダーソン氏と『サッカーデータ革命』を手にして一緒に写真に納まっていた、慶應義塾大学ソッカー部でマネージャーを務めていた呉田幸子さんの投稿を目にした。彼女はLondon School of Economics and Political Science(LSE)で公共経営学修士(MPA)修得のために留学中で、クリスはそこで教授を務めていた。彼女を通して、クリスに出版以降の変化、これからのフットボール、データ分析、テクノロジーについて色々話を聞きたいという希望を伝えたところ、快く応じてもらうことができた。

最初に知りたかったこととして、『The Numbers Game』(『サッカーデータ革命』の原書タイトル)を書いてから7、8年が経つが、書いた当時と今では実際どれくらいデータ革命が進んだと実感しているかだ。

それに関して、クリスはグッドニュースとバッドニュースがあると話してくれた。

グッドニュースはデータ革命が大いに進んだということを認める一方、バッドニュースは現場において、実際のところそれほど多くは変わっていないことだという。

「今では当時よりはるかに多くの、しかも質も伴ったデータが手に入るようになった。そしてデータを取る、あるいは分析するという技術も非常に洗練されてきた。そして、クラブの中でも、アナリストとかデータサイエンティストといった類の分析に関連する仕事のタイトルも増えてきた。このようにタイトル自体は増えているのだが、クラブ内部の人間と話をすると、毎週の仕事のプロセス自体はそれほど変わっていないという。日々の行動様式、クラブ内のヒエラルキー、フットボールを生み出すやり方や役割、仕事のプレッシャーは昔と変わってはいない。新しいテクノロジーを使えるスタッフは、まだ必要なコンポーネントとして組織に組み込まれてはいないし、テクノロジーやデータ分析をクラブの戦略に活用するという思考も不十分だ。MLBアスレチックスのビリー・ビーンが何を行ったか考えてほしい。自分たちの球団の状況を考え、何ができて、何ができないのか?　つまり、戦略の策定が行われた。そしてその戦略を実践するためにテクノロジーやデータが使われた。

マネーボールとは、アスレチックスの新しいゴールを設定し、それを達成するためのやり方を提示したリーダーのストーリーでもあった。今のサッカー界を見回すとデータを取るための、あるいは、分析するための素晴らしいツールで溢れている。しかしそのツールボックスは、リーダーや、それを現場で実践する人によって十分活用されているとは言えない。テクノロジーが大きく進歩し、データが爆発的に増加した一方で、それを戦略実行のために活用しようとするリーダーの存在と、目的達成のために分析をするアナリストの存在もまだ不十分だというのが私の認識だ」

クリスは技術面での革命が起きたことは認めつつ、その進歩の速度に人間と組織が追い付いていないことが問題だと考えていた。

「運を天に任せるか？　運を自分で変えるのか？」

この本では、実力と運の勝敗への影響は今フィフティ・フィフティだと書かれている。サッカーという競技においては、試合に勝つ確率も、得点が生まれることも半分は運に頼らなければならないという。

そして、理論化学者、天体物理学者をはじめとした多くの科学者たちが、ポアソン分布、代数、ベイズ統計などの科学的考察を行いながら、「実力」が「試合結果」に及ぼす影響を紹介している。また、勝敗の予測情報と、結果に対する配分をビジネスモデルとしているブックメーカーのオッズなどからも、同様の分析を行いフィフティ・フィフティという結論を導き出した。

オッズは、過去の戦績、試合が行われる場所、出場メンバーのコンディション（怪我の有無など）様々な情報を元に決められる。オッズが低いとき、つまり実力差があるとみられている場合に本命が負けるためには本命でないチームに有利に働く偶然の要素、すなわち、運が必要だ。2チームにおいて力の差があまりない場合に、勝敗を左右するのはその日の運の要素が大きいことになる。クリスらがブックメーカー20社へ行った調査では、本命が勝つ確率はハンドボール、バスケットボール、アメリカンフットボールでは約3分の2、野球では約60%、サッカーは50%強ともっとも低かった。これらの理由について、サッカーの得点の少なさと、ロースコアゲームゆえの引き分けの多さを挙げている。なぜ得点が少ないのか？なぜ引き分けが多いのか？　を考えることによって、サッカーにおいてなぜ偶然性の比率が高くなり、本命の勝利が必ずしも担保されないのかがわかってくる。サッカー以外のハンドボール、バスケットボール、アメリカンフットボール、野球は、圧倒的にボールを〝手〟で扱いながらプレーすることが多い。相手の干渉以外ではほぼミスすることはない。野球は手（グローブ）に加え、バットという道具が使われるためにハンドボール、バスケットボール、アメリカンフットボールよりは確率が低くなっているが、1試合で〝手〟でエラーする平均数は1個以下だ。

しかし、足でボールを扱うサッカーでは相手がいない状況であってもミスは起こる。さらに、プレーする人数や広さも関係しているはずだ。味方、相手と人数が多ければ多いほど、プレーのコンビネーションにおいて複雑性は増すはずだ。またプレーするエリアが広ければ広いほど、そこで起こる〝まさか〟の可能性も高まる。ハンドボール、バスケットボール、アメリカンフットボール、野球、サッカーという順番に本命が勝つ可能性が低いのは、まさに競技特性上偶然が起こる可能性の高さが原因だと言える。

それらを理解しても指導者をしている自分としては勝利を運に委ねる、すなわち、偶然の要素が50％もあるという分析にはやりきれない気持ちを感じる。そこでもしかしたら、運の要素はもう少し減ったのではないかという期待を込めて、今でもフィフティ・フィフティの考えを支持するか聞いてみた。

「がっかりする気持ちはよくわかるが、今でも〝平均〟としてフィフティ・フィフティだという考えは変わっていない。この〝平均〟という言葉に私のメッセージが込められている。本の中でも述べたが、フットボールはバスケットボールやアメフト、ハンドボール、野球など他のチームスポーツより偶然性が高く運に左右されるスポーツだ。どのコーチだって運に左右されるスポーツだという話は聞きたくないはずだ。コーチの発想は、試合で起きうることをできるだけ多くコントロールしたいということだ。だから彼らの仕事は選手のミスを減らし、運に頼ることなく、試合において何が起こるかできるだけ予測可能な状況を作り出すことだ。その上でゲームプランを考え、試合に向けてフォーメーションを決め、ポジションごとに適したトレーニングを行う。だから予測を裏切る〝偶然〟の要素、すなわち、〝運〟はコーチの敵だとも言える。コーチは偶然の要素を最小化したいし、できれば取り除きたい。

私は、フィフティ・フィフティと言っているが良いチーム、良いコーチ、良い選手、最高のチームというのはその比率を変えることができると考えている。良いチームというのは偶然性をシステマチックに最小化することができるチームのことだ。反対にそうでないチーム、すなわち、悪いチームについて考えてみよう。悪いチームは実力も十分でないうえに、偶然性を上手にコントロールすることもできない。そうしたことが彼らが良いチームになれない理由だ。

しかし、運をコントロールするほどのスキルがないチームでもできることがある。それは試合中に必ず起きる偶然という事象を意図的に最大限活用することだ。技術的にも戦術的にも劣っているチームは偶然性を戦術的にプレーをすることが大事だ。例えば、敵のボックスに向けて意図的に高いロングボールを放り込むようなプレーだ。自分たちの実力では簡単に敵のボックス内への進入が難しくても、そうすることにより、〝偶然〟相手がファウルする、ミスジャッジが起こる、相手ディフェンダーと競り合ったボールが味方にとって絶好のシュートポジションに落ちる可能性ができる。それは単に〝運〟任せのプレーだが、〝運〟の要素を最大限活用したプレーだとも言える。もしも実力が劣っていると思うチームであれば、運の要素が最大化できるようなプレーを意図的に行うことにより、実際に自分たちが持つ能力以上の結果が出る可能性が高まるはずだ。良いチームが偶然の要素をシステマチックに減らすのに対し、悪いチームは、偶然の出来事を嘆く代わりに、意図的に偶然を起こすやり方で少しでも運をコントロールすることが可能になる。良いチーム、悪いチームそれぞれの努力の結果、運と実力がどの程度関わるかの平均は、やはりフィフティ・フィフティとなると考えている。

運の比率が高いことはチーム関係者にとっては冷や冷やする要素が大きいのであまり喜ばしいことではないが、試合を見る人にとってはスリリングな試合結果となるのでサッカーファンとしては試合を大いに楽しむことができる」

ここでの重要なメッセージは、良いチームであっても今現在そうでなくてもサッカーで成功するためには、2つのルートがあるということだ。

一つは、実力を高めること、もう一つは運を味方につけることだ。実力を高めることとは、技術の精度を高めてスキルとして身に付けることだ。そのことで偶然起きることへの対処の能力の向上と、偶然起きてしまうプレーを減らすことが可能になる。そしてもう一つの運を味方につけるという、一見神頼みに聞こえるようなルートとは、意図的に結果がどちらに転ぶかわからない状況を作り出し、その対応をできるだけ効果的に行うことで、自分たちの優位性を得ることだ。後者のルートを取らざるを得ないチームは、自分のチームのやり方を忠実に実行してくれる選手を見つけ、自分たちの戦力の最大化を図るための戦術を採用して試合に臨むことが求められる。

運と実力は半々という意味を理解すれば、運は間違いなく味方になるはずだ。

J1に関しては、全18クラブ、J2でも90％のクラブは何らかのデータ、あるいはデータを取得するためのテクノロジーを有している企業からシステムを購入している。しかし、年間数百万円もするシステムを購入し、選手にGPS機器を付けさせ、練習、試合のたびにフィジカルデータを取得していながら、そのデータを現場も強化もほとんど見たことがないという話も聞く。いくつか理由がある。一つ目は、クラブハウス内のインフラなど環境の問題だ。Wi-Fiが通っていないケース、回線のスピードに問題がありダウンロードに非常に時間がかかってしまうケース、クラブの親会社と同じセキュリティポリシーを採用しているため、ハード、ソフトともに古いものを利用せざるを得ないケースなどだ。しかしこれらは、お金とコミュニケーションで解決できる部分だと思う。

簡単ではないのがもう一つの問題〝人材〟だ。それは「数字を上手に扱うことと、数あるデータの中から本当に価値のある情報を選び出すことは同じではない」と書かれている。後者のことができる人材はどこにいるのだろうか？　それがもう一つのクリスへの質問だ。

「その人材を探すのは簡単なことではない。その人材には2つのスキルセットが必要だ。まずはデータ、情報、コンピューティング、テクノロジーに対して理解していることだ。そして、もうひとつはフットボールを理解していることだ。しかし、これら2つのスキルセットを必ずしも一人の人間が持っている必要はない。クラブは自分たちが持っていないテクノロジーとデータ分析を理解している人材を探し採用する必要がある。この手の人材は存在する。そして、クラブ内には十分なサッカーの知識を持っている人材がいる。選手や指導者だ。最大の問題はテクノロジー・分析の理解者と、サッカーの理解者を繋げる通訳の人間がいないことだ。データからそのデータの持つ意味や背景を理解し、選手やコーチがどのように考え、どのように機能するかというサッカーのダイナミズムを理解できる人のことだ。〝彼〟がそれぞれの専門家のインタフェースとして立つ必要がある。そういう人を見つけないといけないのだが、それは簡単ではない。その人は指導者からも選手からも認めてもらう必要があるのでサッカー界の人が望ましいと思う。あるいは、誰もが認めるほどの専門性を持っている人、それは教授とかの有識者もそうかもしれない。つまり、十分に知識があり、現場に受け入れられ、クラブのマネジメントとも話ができる人、そしてもちろん分析ができる人が望ましい。しかしその人材が本当に不足している。

悲観ばかりしていてもしょうがない。ひとつ素晴らしい例としてリバプールの話をしよう。なぜならリバプールはマネーボール風のチームを目指して成功を収めているチームだからだ。クラブ内にデータとフットボールを結びつける非常に重要な役割を担うスタッフがいる。名前はマイケル・エドワーズというスポーツディレクターだ」

マイケル・エドワーズについて若干補足しておくと、彼はユースチームでのプレー経験のみでトップチームでのプレー経験はない。The University of Sheffieldで情報処理学を学び、ポーツマスＦＣでは主にＰＲＯＺＯＮＥを利用した分析を担当し、その後２００９年にトッテナム・ホットスパーＦＣ、２０１１年にリバプールに移ることになり、現在はトップチーム及びアカデミーの選手獲得を決めるスカウティング部門と、クラブ内の分析部門を統括するスポーツディレクターの役割を担っている。

リバプールに移ったのは、Fenway Sports Group（ＦＳＧ）がリバプールを買収した直後だ。ＦＳＧは、ＭＬＢのボストン・レッドソックスを所有するスポーツマネジメントカンパニーだ。ボストン・レッドソックスはアスレチックスの成功を目の当たりにしてデータ分析の重要性を見越し、セイバーメトリクスの生みの親ビル・ジェームズとアドバイザー契約を結んだ。そんなＦＳＧがマイケル・エドワーズに目を付けたのもある意味当然の流れだったかもしれない。

「マイケル・エドワーズ自身、若いときに選手としてプレーしていたのでフットボールを理解している。同時に彼は情報処理を理解した分析家でもある。選手を探したり分析したりする部署の責任者で、現在、彼自身は自分で分析を行ってはいないが、データから必要なものを見つけてサッカーの現場に落とし込むことができる。こういう役割が果たせる人材が必要なのだが、見つけることも育てることも簡単ではないため、そこが欠けてしまっているのが最大の問題だ。一方、その他の選択肢として他分野の専門家についても挙げたが、例えば私自身、サッカーのプレー経験もあるし、専門知識も持っている。本も比較的よく売れたため、テレビやラジオに出る機会もあった。自分のサッカー関係の知り合いはみんな本を読んでくれていた。しかし、連絡があったクラブは3つだけだった。正直、もう少し多くの電話があると期待していたが実際に電話をかけてきて、どうやってデータを使うのか知りたがる人はほんの少数だった。これが7年前に起きていたことだ」

しかし、当時と今は大きく状況が変わり始めた。この期間にリバプールが果たした役割は大きい。そこでの教訓は、マイケル・エドワーズは一朝一夕では育たないこと、そしてデータ革命を信じて取り組むクラブの理解がなによりも必要だということだ。資金的に必ずしも裕福ではないクラブが、頭とテクノロジーとデータを使って戦い続けることによって求められる人材が育っていくはずだ。

サッカーの常識を覆し、本質を明らかにするというトライから8年が経ち、さらに新しい発見と未来が知りたくなり、次の出版予定を尋ねた。

「残念ながら次の本を書く予定はない。今度は読む側としてあなたの本を楽しみにしているよ。本当に書くつもりはないけど、もし書くとしたら、その内容はみなさんの期待と大きく異なると思う。今フットボールにおけるデータ分析は、トラッキングデータやフィジカルデータのようなものにフォーカスされている。誰がどれくらい走ったのか？　疲労度はどのくらいか？　それらがわかるようにたくさんのデータを収集することにかなり重きを置いている。豊富なデータ、多くのデータから来る複雑性をいち早く分析するためのコンピュータサイエンスに焦点が当たっている。それ自体興味深いトレンドだ。しかし、コンピュータサイエンスの存在自体が、どのようにプレーするべきか、どうすればうまくいくかというサッカーの本質を変えることにはならない。我々は数多くのデータ、積み重なる試合から機械学習を通して非常に興味深いことを発見した。一方、私はサッカーをプレーする際の心理学に対する科学的なアプローチが無視され過ぎていると感じている。選手はゲーム中どのように意思決定を行うのか？　試合におけるある局面に対してどのように考えるのか？　うまくいくための手順にどのように気が付くのか、情報収集とフィルタリング能力、認識力、視覚能力などまだまだ研究していくべきテーマが色々ある。続編を書くことはないが、今興味があるのはコンピュータサイエンスではなく、インナーゲームの分野についてである」

データ分析を突き詰めていくとあることに気が付く。それは、データというのは起きたことを正確に表す性質のものであることと、その起きたことというのは、起こそうとして起きたということだ。当たり前に聞こえるが、サッカーの試合を行うとき、そこにはチームの意思、選手の意思が反映される。その意思決定の合理性を追求していくときにクリスが不足しているものと感じたインナーゲームの洞察に行きつくのだと思う。

最後に、今まだ終わりの見えないコロナ禍の状況を見て彼はこう締めくくった。

「正直言って観客のいないサッカーの試合を見るのはつらい。自分は練習場で自分の子どもや友人がプレーしているのを見るのが好きだ。テレビで見るのとスタジアムで見るのとでは全然違う。スタジアムに人がいないということはチームの収入にとって大きな問題だ。お金がないのはフットボールにとって最悪の状況だ。あるクラブはここ数年お金で成功を買ってきた。しかしお金では本当の意味の成功を買うことはできない。自分はお金が十分になくても的確な意思決定をあらゆる場面で行うことで勝利を手にすることができると信じている。クラブの成功というのは、パフォーマンス、コーチング、組織といったものを限られたリソースでいかに上手に活用し高められるかを総合的に見て判断されるべきだと思う。シティとかPSGは美しいフットボールを見せてくれるのでそれは楽しいことだ。しかし、彼らがやっているように、うちのクラブにはお金があります、最高の選手を買いましょう、最高の監督を雇いましょう、というやり方は自分には興味がない。そのやり方は勝つ可能性を幾分高めるのかもしれないと思うけど、それは特別なことではないし、ロマンを感じることがない。だから、自分はマネーボールを見つけたんだ」

世界との差は縮まったのか

２０２０年８月24日、内田篤人選手のオンラインによる現役引退会見が行われた。

内田は、14年８か月のプロ生活のうち約８年半をドイツブンデスリーガで過ごし、ＵＥＦＡチャンピオンズリーグに29試合出場しベスト４を経験している。彼の現役引退会見での日本サッカーの現在地、世界との差についての質問に対する答えが話題になった。

「サッカー選手が終わったので好きなことを言っていいなら、正直、（差は）広がったと思っています。ＤＡＺＮでパパっとやればＣＬ決勝とＪリーグの試合を見られるけど、違う競技だなと思うくらい僕の中では違いがあります。歴史が違うのである程度の時間は必要なんじゃないかなと思いますし、その年の良し悪しもあるし、一概には言えないけど多分差はすごくあると思いますよ」

日本サッカー界は強化の面において、ワールドカップ優勝を「ＪＦＡの約束２０５０」の一つに掲げた。そしてそれを達成するために、２０３０年までワールドカップに出場し続けてベスト４に入ることを目標としている。そのために、欧州や南米の競合国の背中を必死で追いかけ、追いつき、そして追い越そうとしているプロセスの中での発言だ。しかも、その現場にいた者の発言という意味で説得力がある。

ＳＴＡＴＳ ＰＥＲＦＯＲＭは世界中のフットボールのデータからＡＩを活用しながら新し

いフットボールの解釈を生み出している。プロクラブのフットボール部門の責任者のトーマス・シャーフやフェルナンデスの話を聞くと、クリスの期待に十分応えているとは言えない。しかしそれでも彼らのテクノロジーへの取り組みは我々が想像していたより早くスタートを切り、そして今でも地道に進み続けている。内田が述べた歴史という時間の中で築き上げられたものに唯一対抗できる手段はテクノロジーの活用のはずだ。テクノロジー自体は時間とともに価格も下がりコモディティ化してくる。その一方で、それを扱う人の育成には時間と経験が必要だ。内田が経験した世界トップレベルのプレーは、ピッチ上で突然できたものではない。各カテゴリーにおける育成、そして強化の長い熟成期間を経て、チャンピオンズリーグやブンデスリーガ、ラ・リーガにおいてお披露目されたものだ。

そして今、我々の頭の中にある〝データ〟はすでに数ある〝データ〟の一部になりつつある。新たにインナーゲームやライフスタイルのデータが加わって来るはずだ。そのデータを取得することに対する倫理的ジレンマを感じながらも前進していくはずだ。

内田の本当に素直に、思わず出た言葉を真摯に受け止めることが必要だ。日本サッカー界が本気で約束を守る、目標を達成するのであれば、テクノロジーの導入を目的とするのではなく、それを活用する人の育成と啓蒙の作業に同時に取り組むべきだろう。

第3章

日本サッカーに迫られるデータ分析の活用

運やチャンスは多くのもので構成されている。
言葉では表せないものが一瞬に作用するんだ。
それが試合のカギを握る。

――ファン・マタ（元スペイン代表）

２０１６年3月、日本初の野球独立リーグ四国アイランドリーグｐｌｕｓを運営する株式会社ＩＢＬＪ（以下ＩＢＬＪ）の代表取締役社長に就任した。なぜ野球？　なぜ四国？　と多くの方に尋ねられたが、実は２００５年に設立された四国アイランドリーグの設立当初から関わっていた。

プロ野球選手になるためには、高校野球、大学野球、そして社会人野球のいずれかのカテゴリーでの活躍を認められ、ＮＰＢのドラフト指名を受ける必要がある。しかし、プロ野球を目指す若者にとって大事なルートの一つの社会人野球チームが、バブル崩壊の影響で、１９９８年に１４２あった社会人の野球チームが、５年後の２００３年には89チームにまで減少していた。そのような状況の中、「日本に独立リーグを！」という旗印を掲げ、元プロ野球選手で発起人であった石毛宏典さんの「プロ野球選手になるという夢を目指す場所を守り、同時に正しく夢を諦める場所を用意してあげたい」という設立趣旨に賛同し、データスタジアム社として運営会社のＩＢＬＪへの出資を決め、数名の出向社員を送ることとなった。それから12年、石毛さんの後を引き継いだ代表者から「次のステージに進みたいので力を貸して欲しい」という話を頂いたのが就任の経緯だ。

野球文化VSサッカー文化＝パッシブラーニングVSアクティブラーニング

約10年ぶりに代表者が代わったということで、四国４県の自治体に挨拶回りに出かけたときの徳島県での話である。徳島県阿南市には野球のまち推進課というのがある。そこでは野球を軸とした地域の活性化を推進している。市長、課長と顔を合わせるなり、野球の話が止まらない。溢れんばかりの野球愛が伝わってきた。

「本当に野球は素晴らしいスポーツです。野球を通して、きちんとした礼儀が身に付きます。言われたことをしっかり守る人間が育ちます。その辺がサッカーとは違います。サッカー選手のような茶髪やピアスを付けた選手もいません。上から言われたことをしっかりやる。そのような教育を受けてきた日本人に野球は非常に向くスポーツなのです」

今回は野球の仕事での面談だが、自分自身は小学校入学以来サッカー一筋だ。少し前まで慶應義塾大学の体育会ソッカー部で指導をしていた。そこで選手に繰り返し伝えていたことがある。

「誰かに言われてプレーするのではなく、状況に合わせて最も良いというプレーを自分で判断しなさい。〝自由〟に判断してプレーできるから楽しいんだよ。でも、ときとしてその判断が間違っている場合がある。合っていてもミスしてしまうこともある。でも、それは誰にでも起こり得ることなので、そのときは〝責任〟を持って対応しなさい。自由に判断することと、その行動に対して責任を持つこと、それがスポーツの本質なんだよ」

そしてこう付け加えた。

「大学を卒業してプロ選手としてプレーするのはほんの一握りだ。それ以外のみんなはこれから社会人としてビジネスに取り組んでいくことになる。今の時代に10年先の世界を予測することなんかできない。それくらい時代は急激に変化している。誰も正しい答えを教えてくれない。自分で考えて行動することが本当に大事になってくる。自分で考えてとった行動には必ず責任が伴う。サッカーはそれを教えてくれるんだよ」

本当か嘘かはわからないが、南米出身のプロサッカー選手が野球をやったときのことだ。その選手はファーストゴロを打つと、1塁ではなく3塁に向かって走った。「ダメだよ！　そっち走ったら！」そのサッカー選手は「1塁に走ったら絶対アウトだけど3塁は空いてるからいいじゃない！」と答えたという。

この話を友人にしたら、有名な海外実業家も同じシーンで同じ疑問を持ったと言っていた。人と違ったアイデアで優位性を保とうと考える起業家やサッカー選手は我々とは異なる思考回路を持つのだろう。市長や課長の話を聞きながら、最初は否定的だったが、教育、文化の背景を考えると、そうかもしれないと納得していた。小さい頃から人の言うことを聞いて言われた通りのことを行う子が良い子だと教えられて育てられてきたのが、サッカーのピッチに立った瞬間に自分で考えて判断しろというのは無理があるのかもしれない。試合中ピッチの中で何か想定外のことが起きるたびに心配そうにベンチを見て監督の言葉を待っている選手の顔を思い出した。ヨーロッパのサッカーチームでは、監督が練習メニューや試合戦術を伝えたとき、納得いかなければ選手の年齢を問わず〝なぜ?〟を連発する風景とは大違いだ。日本の指導現場でそのようなシーンを見ることは稀だ。日本ではスポーツが戦時の国力強化、兵士の育成のためと体育として普及したことが原因だ。

スポーツ発祥の地イギリスでは、スポーツは気晴らしのため楽しむものとして普及し、のちに士官の養成のため、体育だけでなく、徳育、知育を身につける優れた教育ソフトとして使われた。本来同じものが結果として大きく異なってしまっている。

野球は、言われたことを守りなさい、という教育を受けてきた日本人に向く競技だというのは、これからの時代に必ずしもマッチしないと思い、四国アイランドリーグplusの理事会で意見を聞いてみた。野球は、小学生から大人まで一球一球ベンチやコーチスボックスのサインを見ながらプレーする。サッカーは野球のようにプレーとプレーの間に間がないため、いちいちベンチに判断を仰ぐことができず、自分で判断せざるを得ない。だから選手は練習中に自ら疑問を解決するために指導者に尋ねる。競技性の違いは理解しているが、状況に合わせて、グラウンドの中でプレーする選手たちが自ら判断することで得るものは多いはずだ。

四国アイランドリーグplusでは試合中のベンチからのサインを禁止したらどうだろう？指導者の仕事は、試合中にサインを出すことではなく、日々の練習であらゆる試合状況を想定して、選手が試合中に自分たちで判断できるように指導することを求めるのはどうだろう？この突飛な提案は、野球関係者誰一人の支持を得ることもできずボツとなった。悔しかったので賛同者を求め、野球の指導者に会うと必ずこの話をした。多くはスルーされることが多かったが、甲子園出場高、六大学の強豪校ですでにこうした指導法を実践して結果を出しているところもあり、選手の判断力を育てることがチーム力、人間教育の向上につながると話してくれた監督もいらっしゃったが、残念ながらそれは非常に稀なケースだった。

我々は、小さい頃から、答えを教えてもらうことに慣れ、本当にその答えが正しいのか疑うことさえしなかった。野球、サッカー、その他のスポーツにおいても、我々は自分の経験や自分が受けた指導法が受け継がれ、新たにわかったファクトに向き合うことや、ファクトを元に自分で解決法を考えることに慣れていない。多くの指導者が、まだ知らない、気が付いていないファクトがあることすら知らない。すでに答えはあり、その答えを導き出すための方法の一つを、あたかも唯一のやり方かのように教える教え方、それに対して疑問を持たず、仮に持っても口に出さず受け入れてきた教育現場の姿が分析的思考、データの活用を阻む大きな壁の一つだと言える。

サッカーはデータではない！　しかしデータはサッカーの大事な一部だ！

日本のサッカー界に公式記録では表されない詳細なデータがお披露目されたのは2001年だ。それは、Jリーグの公認データとして採用された、イギリスのOPTAというプレーやパフォーマンス分析データで、1997－98年シーズンからイギリスのプレミアリーグの公式スタッツとして採用されていたものだ。試合情報をデータ化するために、映像を元にOPTAのシステムで入力し、独自のデータフォーマットとして出力された。

選手それぞれが誰に何本パスを出したか？　クロスの数、タックルの数、ゴールキーパーのセービングの数などとそれぞれの成功率といったデータだ。それらのデータはメディアを通してデータの分析をするというよりは、試合の流れを説明するための補足的な情報として使われることがほとんどだった。しかし、当時そのような細かいデータを見ることはなかったため、目の肥えたサッカーファンには好評だった。当時のOPTAデータは、出力される項目が固定されていたため、あるデータと別のデータを組み合わせた新たなデータから分析することには不向きだった。

限られた時間の中で、映像を何度も見直しながら傾向を探り、映像を抜き出す作業を行っていた現場のスタッフに、選手ごとのパスやクロスの数と成功率、クリアやタックルなどの守備のデータのレポートが届いても、興味本位の「へー！」で終わってしまう。分析スタッフが映像で見たもの、感じたことがデータで見て取れ、納得感の得られる「へー！」という見せ方をできていなかったことが、データがプロチームに普及しなかった原因だったのだろう。

データスタジアムでは、すでに野球を通してプロの現場では、どのようなニーズがあるかを把握していた。データで傾向を把握し、実際の映像で確認するというニーズだ。サッカーにおいても、データそのものの価値が認められていなかったため、野球での経験を元に、データを映像検索のために活用し、編集作業の効率化を主機能としたデータ分析ソリューションとして販売を始めた。

営業の交渉相手は、クラブで分析を担当するテクニカルスタッフだ。サッカーの試合が数字や図で示され、気になる部分をクリックすると瞬く間にそのプレーの映像が現れる。テクニカルスタッフは驚きながら話す。

「素晴らしいシステムです。ただ、これが導入されてしまうと自分の仕事がなくなってしまいます」

当時も今も、テクニカルスタッフは映像の編集に膨大な時間をかけている。その効率化を目的に開発したものなのだが、当時は、このシステムがクラブに導入されると自分の仕事が奪われてしまうという意識を持つ人が多かった。今盛んに聞こえてくるＡＩの導入によって、多くの仕事がなくなってしまうのではと不安に思うのと同じ感覚だったのだと思う。ＡＩに取って代わられてしまうことを嘆くのではなく、自分にしかできない仕事を創り出すことが重要だとは思わずに。

次に営業で尋ねたのは、かつて自分とプレーしたり接点があったりする当時のJリーグの監督たちだ。

「サッカーの試合のプレーをすべてデータ化し、気になるデータをすぐに映像で確認できるシステムを開発しました。自分が指導している大学のサッカー部の試合でも実際に利用し分析しました。自分がそれまで気付かなかった、多くの新しい気付きを得ることができました。このシステムを使ってみませんか?」

「お前どうしたんだ? サッカーはデータじゃないよ。サッカーに大事なことはこれだよ! これ!」

監督は何度も力強く左胸を叩いた。現場で日々必死に戦っている彼らは「サッカーはラップトップ上の数字じゃわからないよ。大事なのはハートだよ!」と伝えたかったのだと思う。その通りだと思う。サッカーの試合で勝つために大事なことはハートだ。しかし、ハートをむやみに激しく、熱く燃やすのではなく、正しく効率的に燃やすためにデータという燃料が必要だという思いを伝えることができなかった。その時点では、自分自身がサッカーにおいてデータが作り出す未来を伝えるためのハートが不十分だったのかもしれない。

システムを洗練させていくために、試験的に導入し、改善を重ねていくことに力を貸してくれたのは、2014年に病気で亡くなった友人田部和良がGMを、信藤健仁が監督を務めていた横浜ＦＣだ。信藤監督の退任後、３度ワールドカップに出場し、優勝１回、準優勝２回を経験したドイツのスーパースター、ピエール・リトバルスキーが監督を引き継ぎ、積極的にデータ分析を活用した。毎試合後にリトバルスキー監督との間で行われたデータを元にしたゲーム分析は、ソフトの改善と現場の活用のために大いに役立った。横浜ＦＣとのテスト期間を経て、有料サービスとして実践的に活用してくれたのは横浜Ｆ・マリノスだ。マリノスはこの年と翌年Ｊリーグ２連覇を達成している。実際に利用して成果をあげたクラブができたことで、システムを採用するクラブは徐々に増えてきた。

しかし、クラブからの問合わせの多くは、システムの使い方だった。タックル、ポゼッション、カウンターアタックなどのプレーに関わる定義の内容、ロングパス、ミドルパス、ショートパスの長さ、戦術的な見方に活用するための問合わせを受けることは極めて稀だった。

２００７年、横浜ＦＣ退任後にシドニーＦＣの監督を経て、アビスパ福岡の監督を務めていたリトバルスキーの元を訪ね、コーチングスタッフと食事をした。同席したクルークコーチもクレアフィジカルコーチもリトバルスキーがシドニーＦＣの監督をしていたときのコーチングスタッフだ。そのとき、前の年のワールドカップで日本が名将フース・ヒディンク監督率いるオーストラリア代表に負けたときの話になった。オーストラリア代表チームのフィジカルコーチの経験があったクレアは日本代表の選手の後半の運動量の低下と、それを見越したメンバー交代についてデータが果たした役割について話をしてくれた。そのときのリトバルスキー監督の言葉が忘れられない。

「モリモトサン、サッカーはデータがすべてではないです。しかし、データはサッカーの大事な一部です。そしてこれからもその役割はますます重要になっていくはずです」

この一言が、この分野に取り組んでいくための大きな勇気を与えてくれた。日本で生活しながら秋葉原に出かけ、最新のＩＴ機器を見ることを楽しみにし、自分が行ったすべてのトレーニングメニューをＰＣにアーカイブすることを日課としていた彼だからこその言葉だったと思う。

この日から、いつか左胸同様に重要なものとして、データを見るために必要な手元のデバイスと、データが何を示しているか考えるための頭が加わるために、何をすべきか考えるようになった。しかし、多くのサッカー関係者がデータの重要性を認めるそのときを迎えるまでには何年も待たなければならなかった。

日本のサッカー界は十分にデータやテクノロジーを活用できているだろうか？

現在日本のプロサッカーリーグではどのような分析システムが利用されているのだろうか。

Ｊリーグのクラブが最も利用しているのは、２００1年にデータスタジアムがデータストライカー（現Football Analyzer）というデータ分析ソリューションだ。それの派生サービスとしてネットで映像やデータが見られるものも開発されたが、基本的にその一連のサービス群が今ももっとも多くのクラブに利用されている。しかし、データと映像がＪリーグのものに限るため、プレミアリーグ、ブンデスリーガ、ラ・リーガ、セリエAなどの欧州のトップクラブのデータをベンチマークにしたかったり、新しい選手を獲得するためにデータや実際のプレー映像で確認したりするには海外のデータプロバイダーのサービスが必要だ。欧州にはSTATS PERFORM（PROZONE、AMISCO、OPTAなどを買収）、InStat、Wyscoutなどの大手、老舗をはじめとして、その他SICS、Hudl、Dartfish、など多くのパフォーマンス分析のソリューションを提供する企業がある。データスタジアム社を通してJリーグにトラッキングシステムを提供しているChyronHego社もその一つだ。

欧州、米国ではこうしたスポーツ×テクノロジーはリーグやクラブからのニーズが旺盛でビジネスとしての魅力もあるので、データプロバイダー同士の合併や企業買収、他業種との融合という動きも盛んだ。一方、日本では、この20年間、データスタジアム以外のスポーツデータプロバイダーは、データスタジアム出身者で新たに設立した会社他、数社程度しか存在していない。20年間オンリーワンで生き残れている会社であるということは、当時の目利きが正しかったのだと嬉しい反面、業界を見渡したときに、競争が起きなければ価格も品質もユーザーにとって良い方向に向かわないという懸念もある。

なぜ競争が活発化しないのか？　理由は明確だ。一つは、日本ではこの分野がビジネスとして魅力を感じられていないこと、もう一つは現場がお金を支払ってまで使いたいというニーズが不十分だからだ。これらの理由について詳しく考えてみたい。

ビジネスにおけるニーズ

Jリーグは J1が18チーム、J2が22チーム、J3が18チームで構成されている（2019年）。リーグ戦の試合数だけで1000試合を超える（J1：306試合、J2：462試合、J3：306試合）。カップ戦も含めれば試合数はさらに増える。

Jリーグのプレーごとのデータは人海戦術で生成されている。入力者が1プレー1プレー映像を止めながら丁寧に入力していく必要がある。1試合のデータ入力にかかる時間は約10時間だ。そのデータの検証と管理、デリバリーにも当然人が必要になってくる。さらにデータ入力システムの継続的な開発とバージョンアップやメンテナンス、場合によっては映像使用にも費用がかかる。新規参入者は、リスクを冒してシステム開発を行い、入力の体制を整えた上で、20年間ほぼ独占販売していた一社と競合する必要がある。相当なイノベーションで劇的にコストが削減でき、これまで以上に魅力的な分析ソリューションが提供できない限り、新規に参入することは難しい。そのリスクを取ってでも、Jリーグの58クラブとリーグを合わせた59社と、時折オーダーがあるメディアの企業数から考えたとき、市場への参入の経済合理性が見つからないのが理由のひとつだ。

しかし、サッカーに限らず、現在、世界中で生成されているデータはデータを入力することによってでき上がったものだけではない。ユーザーが自分で何かを調べたり、興味あるものを閲覧したりするとき、あるいは車や、スマホなど自分の身の回りにある機器を触ったり利用したりすることによって自動的にデータが蓄積されていく。そのようなサッカー以外で起きているトレンドをうまく活用することや、データ取得、配信事業ではなく分析に重きを置くなど、ちょっとした差別化により新規参入の可能性は十分にあるはずだ。

現場のニーズ

Jリーグに参加している58クラブに分析についてのアンケート調査を行ったところ24クラブから回答を頂いた。データの専門家とフルコミットメントで契約しているクラブは一つもない。アドバイザー契約を結んでいるクラブは一つだけだ。

一方、分析を主な業務として行うテクニカルスタッフは24クラブ中16クラブだ。残りの8クラブはコーチが分析業務を行っている。テクニカルスタッフへの質問で、データ分析に積極的に取り組んでいると答えたのは13クラブだった。今後データ分析の専門家を雇いたいと答えたクラブは24クラブ中10クラブ、データ分析についての講習会があれば参加したいと答えたクラブは18クラブだった。20%から30%程度のクラブが、自チームや相手チームの分析、選手の評価や編成などを行うためにデータ分析について取り組んでみたいと考えているが、残りの70%から80%のクラブはそれを必要としていないが興味は持っているということになる。欧州のトップリーグのクラブはもちろん、昨年データ分析をテーマに講演した中国の

Chinese Super League（ＣＳＬ）ではすべてのクラブがデータ分析への高い関心を示し、活用していた。

現時点でＪリーグのクラブの現場ではどのようなシステムが求められているのだろう。日本では、ネガティブトランジション（攻撃から守備への切り替え）、ポジティブトランジション（守備から攻撃への切り替え）のシーン、データから再現することが困難な特定の戦術的シーン、現場のトップである監督の知見を元にした映像を抜き出すことが求められる。そのため、システムとしてはそのような映像をいかに効率的に探し出すことが可能か、それを選手、スタッフと共有するために映像の加工及び編集するための機能が重要だ。そこではデータはデータとしてではなく、〝あるプレー〟を検索するための〝記号〟として使われる。例えば、成功した直接ＦＫやＣＫ、サイドでのドリブル突破やアーリークロス、カウンターアタックのシーン、こうした映像を時間に沿ってコマ送りで探し出すのではなく、データをクリックすることで当該シーンを瞬時に呼び出すことが可能だ。そこではデータ本来の使い方ではなく、プレー内容とそのプレーが起きた時間とを合わせる記号としてしか活用されていない。つまり、２０００年代に初めてデータ分析のソリューションを販売したときからニーズはあまり変わっていないことになる。

しかし、最近になって新しい流れも起き始めている。資金が潤沢なＪ１のクラブでも、ＩＴ企業がオーナーのクラブでもないＪ２のレノファ山口が、スポンサーと共同でクラブオリジナルの映像解析、試合解析システムを開発し、チーム強化に役立てていくという発表があった。システム概要は、ＡＩの活用により、コーチングスタッフの行う作業を自動化すること、独自に撮影した映像のアニメーション化、定義づけされたプレーの自動抽出だ。

地方のクラブからＡＩを活用した作業の効率化及び、アニメーション化という面において、技術の活用が検討されているのは新しいニーズが生まれ始めたという意味で望ましいことだ。しかし、現時点では、得点期待値が高まる場面の自動抽出や、人の見えない、見ていない重要な場面を教えるために利用されるＡＩの出番はまだないようだ。

2014年のブラジル発の黒船

サッカーの試合において１試合、誰がどこで何をしたか、というイベント数は２０００〜３０００にのぼる。２００１年にＪリーグ公認として公式記録以外のデータが取得されて以降、ほとんど行われてこなかったのだが、一つひとつのイベントから〝起きた事象〟を解釈し、分析するという作業が突然進み始めたきっかけは２０１４年のＦＩＦＡワールドカップブラジル大会でのドイツ代表チームの優勝だ。

この大会において４大会連続ベスト４という前人未到の記録を打ち立てたドイツ代表チームが圧倒的な強さを手にするための準備は、この大会で優勝トロフィーを掲げる遥か前から始まっていた。１９９８年Ｗ杯フランス大会でのベスト８、２０００年ユーロでのグループリーグ敗退という屈辱的な結果を受け、ゲルマン魂という言葉に代表されるドイツの質実剛健なフィジカルサッカーと別れを告げることとなった。ドイツサッカー連盟（DFB）は時代遅れのマンツーマンディフェンスから、ラインディフェンスに、そしてパスサッカーに舵を切った。そしてそれを実現するために若手育成と指導者の改革に取り組むこととなった。新しいサッカーを行うためには、新しい選手を育てる必要がある、その選手を育てるためには指導者自身も変わっていかなければならない。

その改革を実践したのが2006年ドイツでのW杯終了後に監督に就任したヨアヒム・レーヴだ。レーヴが監督に就任して以来、ドイツ代表デビューを飾った選手は60人を超える。ドイツが目指し、レーヴが高めていったパスサッカーを実現するために2008年、2009年に欧州王者に輝いたU-19、U-21出身の若手が多く含まれていた。そのレーヴが目指すサッカーを実現するために必要だったのは、求めるサッカーをプレーする〝選手〟、そしてそれができているかを測定する〝テクノロジー〟と〝データ〟だった。レーヴの代表での船出は、1試合2000~3000というプレーイベントだけではなく、イベントとイベントが行われる時間、1イベントあたりのボールの移動距離など、様々なデータと得点、失点、勝敗に関係するキーとなるデータを探すことから始まった。数百、数千の試合におけるイベントに関わる様々なデータを分析し、相関関係を導き出していくために、ドイツを代表するIT企業のSAP社とパートナーシップを結ぶこととなった。SAP社は高速のデータ処理技術に強みを持つ基幹系情報システムのリーディングカンパニーだ。

これまでのイベントデータに加え、軍事技術を利用し、サッカーの試合における選手の動きもトラッキングデータとして取得することにより、そのデータ量は約4000万にまで増えていた。それだけのデータ量を高速処理し分析するためにはSAPの技術が必要だった。

レーヴが目指すパスサッカーにおいて重要なことは、ボールを回す〝テンポ〟だ。良いテンポの指標には一人当たりのボール保持時間を利用した。現代サッカーにおいて、一人がゆっくりボールを保持すれば、あっという間に相手の選手が自分の周りを取り囲んでしまう。なるべく速く、良い位置にいる味方にボールを渡すことが重要だ。素早いボール回しは相手の守備にほころびを創り出す。それが狙いだ。2006年のW杯では、ドイツ代表のボール保持時間は2・8秒だったが2008年のユーロでは1・8秒に縮まった。しかし、決勝戦で戦ったスペイン代表のパス回しにはまだ及ばなかった。スペインとの戦いは点差こそ最少得点差0−1だったが、その得点差以上の力の差は明らかだった。

そんなドイツがスペイン戦の敗戦後にとったアクションは、さらにボール保持時間を短縮することと、スペインに勝つために守備時の陣形をよりコンパクトにすることだった。相手がボールを保持しているとき最前線の選手と最後尾のラインとの距離を当時の平均30mから25mに縮めることを目指した。ここからこれまで以上に選手の立ち位置と動きのデータが重要になってきた。ピッチの裏側におけるインテリジェンスを追求するためのインテンシティが一気に高まってきた。

2014年のドイツ代表の強さは〝ミネイロンの惨劇〟として記憶されている7月8日の

ブラジル代表戦における7－1という衝撃的な結果に凝縮されている。しかし、本当の強さは、点差の裏側に隠された〝勝利のためのプロセス〟にある。2008年に1・8秒だったボール保持時間は、わずか1秒にまで縮まった。当然ながら一人ひとりのボール保持時間が短くなれば、それだけ多くの選手が関わることになる。しかし、大事なことはパスが回ることではなく、回った結果が得点に結びついたかだ。得点が起きる直前のプレーの90％はアタッキングサードで起こっている。

この大会を通してドイツ代表チームが見せたアタッキングサードでのパスは、1試合当たり163本でパスサッカーの代名詞スペイン代表の149本を超えている。ザッケローニ監督の元でポゼッションサッカーを目指していた日本代表の148本とほぼ同数だ。決勝で対戦したアルゼンチンは129本だった。ゴールに近いエリアで何本のパスが繋がったのちに得点に結びついたかを見てみよう。ドイツが63本、アルゼンチンが122本、スペインが122本、日本が222本だった。いかにドイツのパスが効率的に得点に結びついていたかがわかると思う。

このときドイツ代表が使用したのが、先に紹介したSAP社とドイツサッカー連盟（DFB）が共同で開発したMatch Insightsだ。映像から取得される22人の選手、審判、ボールの動きとアクションに関する膨大なデータを高速で処理し、指導者、選手それぞれ必要な人に必要な情報と映像を送るシステムだ。2014年の時点では最先端のシステムのひとつだったが、それでもデータの取得には多くの人手がかかっていた。

しかし、サッカーのグラウンドを離れるとデータの集積は人の作業に依存していた時代から、デバイスが自動的に取得する時代に変わってきていた。優勝した直後から、ドイツ代表にとってもSAPにとっても、2014年の優勝という実績は過去のデータとしてデータベースに蓄積されている。そして、その偉業を再び起こすためにMatch Insightsのさらなる発展に加えPlayer Fitnessという怪我人の情報及び選手の健康管理、Training Plannerという育成年代の指導、練習内容の改善を継続的に行うための新たな開発にも着手した。最先端を走るものは、常に最先端でいるために決して走ることを止めない。

このドイツ代表のW杯におけるサクセスストーリーは、SAPという企業名とともに日本のサッカー関係者に広く知れ渡ることとなった。

翌年2015年からJリーグでもトラッキングデータの導入が決まり、日本においてもようやくサッカーの世界に、テクノロジー、データ、分析が標準装備されそうな機運が高まった。

人もボールも動くサッカーの正体

2003年にボスニア・ヘルツェゴヴィナから来日したイビチャ・オシムは〝人もボールも動くサッカー〟でジェフユナイテッド市原を強豪の一角に育て上げた。日本代表監督就任後も、日本人選手の〝日本人らしさ〟を引き出しながら、強化していった。オシムの目指す

〝人もボールも動くサッカー〟が日本人らしさとマッチしたせいか、そのスタイルは今の日本代表をはじめ多くのチームに引き継がれている。

何種類もの色のビブスを身に付け、パス&ムーブを繰り返すチームが急激に増えた。「ボールを動かせ！」「出したら止まるな！」その掛け声のおかげで、次の笛が鳴るまで選手たちの足が止まることはない。オシムが標榜した〝人もボールも動くサッカー〟という聞こえの良いスタイルが支持されるのはなぜだろう？　それほど良いものであるなら、なぜみんながそのサッカーをやらないのだろう？　そのサッカーが機能しているかどうかを知るためにはどの指標で評価したらいいのだろう？　そのサッカーをやらせている側もプレーしている側もそのサッカーが求めていることを理解しているだろうか？　続けざまにクエスチョンマークが浮かんだ。こうした疑問を解決するために〝人もボールも動くサッカー〟を信奉する選手や指導者に聞いてみた。

「〝人もボールも動くサッカー〟って具体的にはどのようなサッカーですか？　それをするとどのような良いことがあるのですか？　それがうまくいってるのかどうかをどのように判断するのですか？　そのサッカーをするとそのサッカーをする以前より多く勝つことができるようになりますか？　もしそうだとしたらなぜ他のチームはそのサッカーをしないのですか？」

小さな子どもが母親にするなぜなぜ攻撃だ。自分が本当に理解していなかったのが半分、相手が本当にわかってやってるのかを知りたかったのが半分だった。

「そうすればパスが回りやすくなるから」

「たくさん動かせばスペースができるから」
「相手より運動量で圧倒できるから」
「相手を動かして疲れさせて有利に戦えるから」

人もボールも動くサッカーをすることで起きうる現象についての答えをもらうことはできたが、その現象は、何のためにそのような現象を起こすのか、という目的に関する答えはなかった。

オシムは〝規律〟、〝組織力〟などを良い意味で〝日本人らしさ〟という言葉で表現していた。しかし、この〝日本人らしさ〟はときに悪い方向に作用することがある。戦時中における日本軍の軍事作戦を組織的な失敗例として取り上げた著書『失敗の本質』に日本人の特性として〝空気を読む〟という特徴が書かれている。

自分を含む多くの日本人は、なぜそれをするべきかという本来の意味を考えずに、周りの空気を読んで、何となしにその雰囲気に飲み込まれていってしまうという経験を少なからずしているはずだ。

何となしにみんながやっているからではなく、なぜやるのかという目的を明確にする必要がある。敵が明確になることにより初めて目的達成のためのプロセスが重要になる。そのプロセスを測定するためにインプレー時にどのくらい人やボールが動いたか、走行距離やパス数というデータが必要になる。科学的アプローチを行うことなく、経験値のみを優先してしまうことが、データ分析が普及しないもう一つの原因なのだろう。

この〝人もボールも動くサッカー〟に関しても実はその正体を知らず、多くの指導者はそれを戦術として採用し、選手も〝空気を読みながら〟動き回っていたようだ。

他競技からその正体を探る

〝人もボールも動くサッカー〟の正体が見つからなかったため、探す対象を他競技に広げたところ、バスケットbリーグの茨城ロボッツが〝人もボールも速く動く美しいバスケ〟を自分たちのスタイルとして戦っていた。岩下ヘッドコーチはそれについて、こう話した。

「ただ動くだけでなく、〝速く〟動くバスケですね。美しいバスケをすることが我々の理想です。ものすごく強いインサイドの選手にボールを預けて攻撃をするようなバスケではなく、ボールを動かして、人が動いて、サポートしながら、外と中を使い分けて、バスケをよく知っている人もあまり知らない人も、見ていてワクワクするようなバスケをしたいと思っています。イメージとしては、2014年のスパーズ（NBAファイナルで優勝）のような、全員がボールをシェア（手段）して、セルフィッシュ（自分勝手）なプレーをせずに、小さな仕掛けから大きなズレを作っていく（目的）ようなオフェンスをやりたいんです」

そのインタビューから強みとしているバスケの方法論とその成果が明確に述べられている。

茨城ロボッツのオーナーは株式会社グロービスだ。親会社にあたる経営大学院を運営するグロービスがGlobis知見録の中で組織論的に〝人もボールも動くバスケ〟について説明している

[図2 バスケットボールで点が入りやすい状況を示したフレームワーク]

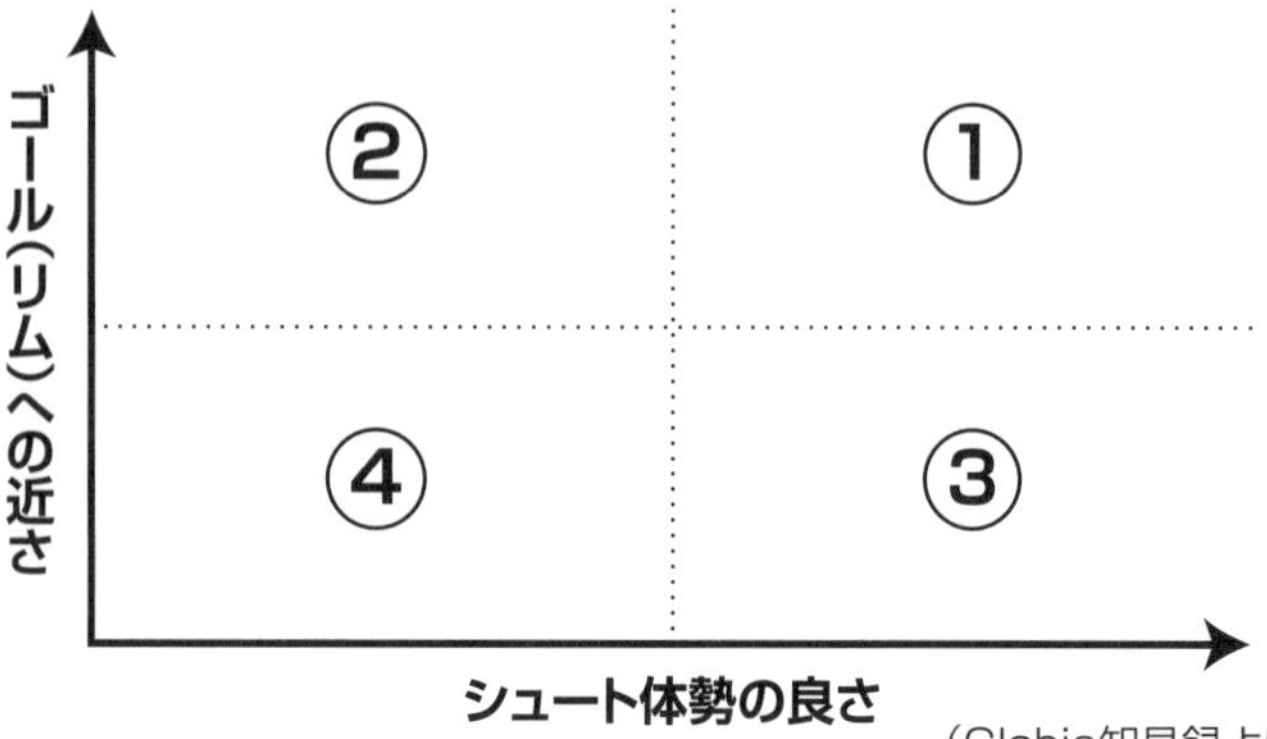

(Globis知見録より)

[図2]。前述した通り、人もボールも動いたかどうかは試合中のプレー時間内の走行距離とパスの本数のデータからわかる(測定基準)。大事なのはそれらを動かして何をすべきかということだ(目的の明確化)。

サッカーでもバスケでもゲームを勝つために大事なことは得点することにある。

バスケにおいてもサッカーにおいても得点しやすい状況はゴールに近いところから正確にシュートをすることだ。正確にシュートするためには良い体勢であることが重要だ。つまり、図でいう①の「ゴールに近く」「良い体勢」が最も得点の可能性が高まる。

誰か特定の人が長い時間ボールを持つことは、相手チームがボール保持者だけでなく、それ以外の選手へのマークなどの対応もしやすくなる。しかし、選手がボールを保持するのではなく、チームが動きながらボールを共有すると対応は困難になる。その結果、どこかで必ずちょっとした対応の遅れからマークの〝ずれ〟が生ずる。その〝ずれ〟こそがシュートのための良い体勢を作り出す時間だ。この目的を達成するための方法が戦術となる。戦術の浸透度は、データを用いてプロセスを測定することが可能だ。プロセスを測定するデータと、結果からチーム戦術がどの程度各選手に浸透しているのかが見えてくる。

鹿児島ユナイテッドFC　J2昇格とデータ分析の物語

２０１８年11月25日13時５分、Ｊ３鹿児島ユナイテッドＦＣのホーム最終戦が行われた。前日３位につけていた群馬が藤枝に敗れたために、鹿児島は引き分け以上でＪ２昇格が決まる。２０１６年にＪ３に昇格してから３シーズン目、Ｊ２昇格の決定的瞬間を見届けようと白波スタジアムは１万９１６人のサポーターで埋め尽くされた。

一進一退の試合が動いたのは後半開始してもうすぐ30分が過ぎようかというときだった。右サイドを突破した野嶽惇也からのクロスを中原秀人が左足でゴールに蹴り込んだ。それから約20分後、この１点を守り切った鹿児島念願のＪ２昇格が決まった。クラブ創設からこの日を迎えるまでの、関係者による努力が報われた瞬間だった。

そして、この瞬間を迎えるにあたり、もう一つのストーリーがあった。それは残り５節、昇格に向けてもがき苦しんだチームのデータの物語だ。

2017シーズンから鹿児島ユナイテッドFCの監督に就任した三浦泰年監督の誘いでトップチームのアナリストに就いた。三浦監督との付き合いは、彼が現役最後のクラブ、ヴィッセル神戸でGMをしていたときに一緒に仕事をして以来、東京ヴェルディ、鹿児島ユナイテッドFCでトップチームの分析を手伝っている。サッカーに対して相当な熱量がある一方、勉強家でもあるため、常に自分のやり方に対して外部の客観的な視点を求めてくる。そんな三浦監督のやり方にデータはマッチしたのだろう。鹿児島では、定期的に監督やコーチングスタッフたちと試合ごとのデータのフィードバックや、意見交換を行っていた。勝てないときにはどうしても味方のシュートの精度や相手のシュートへの対応など直接の原因に目が行くものだ。自分自身、データ同様にかなりの時間、映像を見ることに時間を費やす。そのとき鹿児島を見ていて気になっていたことの一つは、直接的な現象の前のプレー、つまりその現象を導いた原因となるプレーだった。具体的には、J3の多くのチームが行うゴール前に放り込むプレー、運の要素を味方につけるプレーに対する対応だった。

Jリーグでは得点の80%以上はペナルティエリア内で生まれている。そのエリアに侵入するためにもっとも簡単なのは、シンプルにペナルティエリアに向けてボールを放り込むことだ。そのボールが味方に繋がる確率は必ずしも高くはない。しかし、相手のクリアミスやマークのミス、審判のジャッジのミスなど、ある一定の確率でチャンスは訪れる。低い確率でも回数が多ければ、それがチャンスになり得点が生まれてしまう。それを徹底されるのは、肉体的にもメンタル的にもストレスフルな状況になる。

当たり前だが、自分のチームのスタイルを落とし込む練習、あるいは紅白戦は同じチーム内で行う。鹿児島はポゼッションスタイルのチームだ。そうすると自分と同じようなスタイルのチームへの対応には慣れてくるが、そうでない放り込むチームへの対応は実際の試合で行うこととなる。

ペナルティエリア内に侵入する選手の把握、放り込まれた後のボールへの対応、セカンドボールの処理に対しての準備はするが、その前に、相手チームのゴール前にシンプルにボールを放り込むプレーに対するアプローチ、つまり、何かが起こる〝前〟への対応が気になっていた。

第29節の富山戦に1－2で負けたものの、勝点48で昇格圏内の2位につけていた。しかし、24節に勝点47の琉球と勝点43の鹿児島による首位攻防戦に0－4で負けて以来、鹿児島の失速は明らかだった。29節以前の5試合の勝点は鹿児島の5に対し、3位の群馬は10。群馬の力強い足音がすぐそこまで聞こえてきていた。残り5節で鹿児島の残り試合は4試合、群馬は5試合と残り試合数においても群馬が有利だった。

約9か月を戦い抜くリーグ戦では、当然波がある。良い波がいつ来るか、あるいは悪い波がいつ来るかによって最終順位は大きく変わる。しかも、〝波〟と呼ばれる現象は、チームのモチベーション、けが人の数、戦術、その他様々な要因から構成されていてその正体を見つけることは困難だ。しかし、5節を残して鹿児島に良い波が来ていないことと、群馬に良い

［図3　鹿児島ユナイテッドFCで使用した検証項目（富山戦）］

シュート	シュート対応と内容	ラストパス	対応と内容	プロセス
㊶ 木村	BOXに入ったとき、⑪⇔藤澤、⑦⇔平出、㊶⇔谷口のマッチングであればシュート打たれない。最後平出ブロック。	⑦ 佐々木	奏一のHクリア拾われ、フリーでBOXにフィードされる。奏一の寄せ方もう少し中央切るべき。	ポゼッションから③からBOX→⑦受けて落とし→㊶シュート　途中でクリアするがセカンドボール拾われ展開される。
サイド：中央	決定的：○	Sエリア：P内	1タッチ：○	体勢：○
㊶ 木村	㊶のマークをしていた奏一が外されシュート打たれる。平出が真ん中で浮いていたが平出と谷口で⑪と㊶見る選択肢は無かったか？	⑲ 柳下	柳下がクロス上げる際の藤澤の寄せる意識が足りなかった。	クリア拾われ⑥→⑲クロス→㊶シュート
サイド：右	決定的：○	Sエリア：P内	1タッチ：○	体勢：○

波が来ていることだけは明らかだった。

残り5節で試合数は4試合。富山に負けた29節の翌週は鹿児島の試合はない。この〝空き〟が吉と出るか凶と出るか。それは、30節に試合が行われる群馬対FC琉球との試合結果と、その週、鹿児島がどのように過ごすかが大きく影響する。自分たちの力が及ばない他のチームの対戦結果は、FC琉球が群馬に4－2で勝利し、J3史上最速で優勝を決めた。一方、自分たちしかできない過ごし方をするために、いつもと異なるデータで監督と話をした。それは、〝ボールも人も動くサッカー〟という言葉に隠されていた本当に大事なデータのことだった。

茨城ロボッツの〝ボールも人も速く動くバスケ〟のなかで作り出そうとしていた〝ずれ〟は、シューターの良い体勢を作り出すためのものだった。富山に負け、泣いても笑っても残り5節で4試合。〝あれもこれも〟はできない状況で行うべき〝あれとこれ〟を見つける作業だ。1－2で負けた富山戦、その前節1－0で勝利した盛岡戦、前々節1－5と大敗を喫した鳥取戦におけるシューターの体勢、つまり現象とその前のプレー、原因について徹底的に検証することとした［図3］。

検証するために使用した項目は、シュートを打った選手／シュートが打たれた時の対応／シューターへのラストパスを出した選手／ラストパスを出した選手への対応／シュートが打たれた位置（右・中央・左）／決定的だったかどうか／PA内か外か／ワンタッチか2タッチ以上か／良い体勢だったかどうかの9個だ。

これらの中でシュートやラストパスへの対応、そしてシュートが決定的だったかどうかはデータには出てこない。しかし、そこを改めて確認することで、起きてしまった現象とその原因を起こした最終責任者が明確になる。決定的なシーンだったかどうか、良い体勢かどうかは自分で観察したものから主観的に判断した。判断の困難なものは0・5本という算出の仕方をした。主観的に判断したものであっても、それを集計することによってデータに変わる。

29節以前の試合で2点以上差がつき、かつ失点0で抑えられたのは21節のY.S.C.C.横浜戦まで遡らなければならない。その試合と、大敗した鳥取戦を比較すると明らかな傾向が浮かび上がってくる［図4］。

［図4　Y.S.C.C.横浜戦と鳥取戦との比較］

横浜　4−0○

中央S	決定的	PA内S	1タッチ	体勢
1／8	1.5／8	6／8	4／8	3／8
13%	19%	75%	50%	38%

鹿児島

中央S	決定的	PA内S	1タッチ	体勢
11／24	13.5／24	16／24	15／24	20／24
46%	56%	67%	63%	83%

鳥取　1−5●

中央S	決定的	PA内S	1タッチ	体勢
5／11	9.5／11	6／11	2／11	11／11
45%	86%	55%	18%	100%

鹿児島

中央S	決定的	PA内S	1タッチ	体勢
5／22	7／22	13／22	13／22	12／22
23%	32%	59%	59%	55%

（※中央S＝中央からのシュート、PA内S＝ペナルティエリア内のシュート）

無失点の横浜戦では、良い体勢でのシュートは8本中3本（38%）だったが、鳥取戦では11本のシュートすべてが良い体勢で打たれていた。決定的だと感じたシュートも横浜戦19%、鳥取戦86%、失点の可能性が高まってしまう中央エリアからのシュートは横浜戦では13%だけだったが、鳥取戦は45%とほぼ半数のシュートを中央エリアから打たれてしまっていた。

攻撃に目を向けると、まるで逆の傾向が見て取れる。横浜戦では24本中20本（83%）のシュートが良い体勢だったのに対し、鳥取戦では22本中12本（55%）だった。決定的なシュート、中央から打ったシュートなど、今回注目したデータは、かなり忠実に試合結果を反映していた。

富山戦翌々日の監督とのコミュニケーションは、このデータを元に行われた。残り4試

［図5 FC東京U－23戦と藤枝MYFC戦との比較］

FC東京U-23　2−1○

中央S	決定的	PA内S	1タッチ	体勢
16/18	6/18	14/18	1/18	3/18
89%	33%	78%	5%	17%

藤枝MYFC　2−0○

中央S	決定的	PA内S	1タッチ	体勢	PA内体勢
6/10	2/10	7/10	7/10	3.5/10	1/10
60%	20%	70%	70%	35%	10%

合、守備面においては最後に相手のシュートに対しての〝対処療法〟ではなく、シュートのワンプレー前のパス、ゴール前に放り込まれるボールに対して厳しく行く〝予防〟を徹底することとした。この意識をチームに刷り込ませるために、結果的には30節に試合がなかったことが追い風となった。

一試合空いたあとのFC東京U－23との試合において相手が良い体勢でシュートを打ったのは18本中3本（17％）だけだった。藤枝戦では10本中3・5本（35％）だったが、そのうち2本はペナルティエリア外からのシュートだった［図5］。

データは試合が開催され、選手たちがプレーする度に作られていく。何も気に留めなければそれは単なる数字だ。しかし、次の試合に向けて何をすべきか、何をさせてはいけないか？　それらを真剣に考えたとき、その数字は突然意味を持ちだす。それに気付き、一つひとつのデータに向き合い、課題を見つけ、トレーニングを積んだチームは試合ごとに昇格への自信を深めていった。

11月25日、J3第33節。J2昇格を決めたこの日もデータは生成されている。しかし、この日の試合内容の分析はしていない。この日の監督とのコミュニケーションに数字は一言も出ていない。喜びと安堵の言葉だけで十分だった。

マネーボールの教え

『マネーボール』は作家マイケル・ルイスにより2003年に出版されたノンフィクション作品で2011年にブラッド・ピット主演で映画化もされている。野球界にとってだけではなく、スポーツにおけるデータ分析のバイブルのような本だ。

2000年頃メジャーリーグではお金持ち球団とそうでない球団の経済的格差が著しかった。そうした環境の中、決してお金持ちではない、むしろ貧乏球団の部類に入っていたオークランドアスレチックスの成功についての物語だ。物語の主人公は、かつてのメジャーリーグドラフト1位、将来を嘱望されながらも期待に応えられなかった選手上がりのGMビリー・ビーンだ。

「うちのチームはニューヨーク・ヤンキースのようにたくさんのお金は使えない。それなら非効率なものを徹底的に洗い出そう！　新しい野球観を模索してみよう！」
これまで経験に頼っていた勝利のための手順を、体系的な科学分析（データ分析）を元に、中級のメジャーリーガーと上級の3Aの選手の本質的な差異分析、足の速い選手の市場価値などを徹底的に分析して検証していった。そして、検証の結果わかったことは、ドラフトやトレードで獲得した大半の選手は古い野球観で過小評価されていたプレーヤーたちだったのだ。

後で詳しく述べるが、ビリーが用いた科学的アプローチはセイバーメトリクスと呼ばれるもので、ビル・ジェイムズというスポーツライターによって考案されたものだ。この本の中では、ビル・ジェイムズ以外にも多くの野球界の外の人間が登場する。それは主に、金融業界や法曹界などで活躍する、ロジックを大事にする人たちだ。

野球界の内部にいる人にとっての常識は、外の人にとっては非常識であるということは多々ある。しかし、ビリー自身、野球界内部にいたにもかかわらず、徹底的にデータを重視した。それは彼自身が経験を通して、野球の試合には目に見えない要素がたくさんあり、目で見た内容、見たと信じている内容には多くの偏見が含まれていること、目だけに頼ると錯覚に惑わされることを知っていたからだ。

勝つことにしか興味がなかったビリーは、勝つという目的を達成するためであれば、野球のしきたりは一切重んじなかった。従来の固定観念を打ち壊せば、今までよりはるかに効率的に物事が進められると考え、徹底的にデータを見て解釈することにこだわった。

誰かが答えを出すだろう、すでに答えは出しているだろうと他人に頼ってはいけない。どこかの有名選手が太鼓判を押しているからといって正しいとは限らない――。

これはビリーによる野球の現場での言葉ではあるが、同時に野球界に限った考え方でもない。対象が何であれ、勝利を目指すものすべてに必要な考え方だ。

これまでは、勝利のために本当に必要なプレーをしている選手が必ずしも正しい評価を受けていなかったが、ジェームズが見つけ、ビリーが実践したことにより、何が重要なのか少しずつみんなが理解し始めた。重要なのは、資金をどれだけ持っているか（＝ヤンキースやレッドソックス）ではなく、どれだけ有効に活用できるかということがわかってきたのだ。野球、サッカー、スポーツのビジネスを行う上で、お金は選手を買うのではなく勝利を買うためのものだ。マネーボールは、重要なのは単なる収益や人件費の大きさではなく、手持ち資金をどれだけ勝利という目的のために賢く使えるかを測るＲＯＩ（Return On Investment＝投資利益率）という考え方が大事なのだということを教えてくれた。

マネーボールからマネーサッカーボールへの道

鹿児島ユナイテッドＦＣがＪ３からＪ２に昇格したのは、Ｊ３リーグ戦２位という競技成績の結果だ。所属リーグが一つ上がることは競技面だけではなく、事業面においてもベネフィットがある。Ｊリーグから各リーグに所属しているすべてのクラブに一律で支払われる事業協力配分金が、J3の3000万円からJ2では1億5000万円と5倍にアップする。地方のクラブが真水の収益を1億円以上増やすことは簡単ではない。J2からJ1に昇格すると事業協力配分金は3億5000万円に増加する。さらに、J1優勝チームには、賞金3億円に加えて、日本サッカーの水準向上と普及促進などに使われることを前提とした理念強化配分金が3年間で総額15億5000万円を受け取ることができる。つまり、J1で優勝すると、優勝賞金3億円、一部売掛金となるが理念強化配分金15億5000万円、そして事業協力配分金3億5000万円、合計22億円の収入を得ることができる。（2020シーズンは新型コロナウイルスの影響で通常とは異なる）

これだけの金額が、各クラブにもたらされるようになったのは2017年に英国のパフォーム・グループ（現DAZN Japan Investment株式会社：以下、DAZN）とJリーグとの間に10年間で総額2100億円とも言われる巨額の放映権契約が交わされたためだ。1年あたり平均約210億円という放映権料は、2012年から2016年まで年間50億円で放映権契約を結んでいたスカパーJSATの約4倍の金額だ。

DAZNが支払うこの高額の放映権料は、Jリーグの試合の魅力が高まり、より多くのDAZNの契約者が増えることにより回収される。つまりチーム強化による収入増、収入増によるさらなるチーム強化。結果、DAZNを通して視聴者が増加し、事業として成立するというWIN－WINの関係が成立することとなる。

この循環にうまく乗るためにこれまで以上に今手元にある資金を〝賢く〟使うことが重要

になってきた。

Jリーグに訪れたマネーボールについて考える機会

J1に所属するクラブの間の収入格差は2015年～2018年の4年間で4倍から4・2倍とさほど開いていない［図6］。それは最も裕福なクラブの収入だけでなく、その他のクラブの収入も同様に伸びているからだ。Jリーグも2018年には25周年を迎え、Jリーグはもちろん、地域におけるクラブの存在価値も向上した。その結果、サッカークラブを活用した企業のマーケティング活動も本格化してきたことになる。この年、収入トップだったヴィッセル神戸はFCバルセロナでプレーしていたアンドレス・イニエスタを獲得し、スポンサー収入、入場者収入、グッズ収入を大幅に増やした。一方、その年にJ1に昇格したV・ファーレン長崎は、J1でもっとも収入が少なかったが、それでも前年の総収入11・2億円から23億円と大幅に増やした。前年起きた経営危機から地元長崎のテレビショッピングで有名なジャパネットグループの一員となり、力強いスポンサーを味方につけることができたからだ。

しかし、これはコロナ禍以前の状況だ。今後もこれまでどおり右肩上がりで収入面が伸びていくことに対しては、少なくてもここ数年は悲観的にならざるを得ない。一方、人件費を見ると、同じ期間に4・2倍から5・5倍に開いているが、これは神戸のイニエスタの高額

[図6　2015～2018年におけるJ1クラブの収入と人件費]

年度	最も収入が高いクラブ	金額(単位:百万円)	順位
2015	浦和レッズ	6,088	3
2016	浦和レッズ	6,606	2
2017	浦和レッズ	7,971	7
2018	ヴィッセル神戸	9,666	10

年度	最も収入が低いクラブ	金額(単位:百万円)	順位	格差
2015	ヴァンフォーレ甲府	1,525	13	4.0
2016	ヴァンフォーレ甲府	1,523	14	4.3
2017	ヴァンフォーレ甲府	1,727	16	4.6
2018	Vファーレン長崎	2,323	18	4.2

年度	最も人件費が高いクラブ	金額(単位:百万円)	順位
2015	浦和レッズ	2,099	3
2016	浦和レッズ	2,381	2
2017	ヴィッセル神戸	3,104	9
2018	ヴィッセル神戸	4,477	10

年度	最も人件費が低いクラブ	金額(単位:百万円)	順位	格差
2015	モンテディオ山形	503	18	4.2
2016	ヴァンフォーレ甲府	736	14	3.2
2017	ヴァンフォーレ甲府	883	16	3.5
2018	Vファーレン長崎	814	18	5.5

［図7　2015～2018年におけるJ1クラブの人件費との関係］

2015年度

人件費順位	1	2	3	16	17	18
チーム	浦和	名古屋	鹿島	甲府	湘南	山形
順位	3	9	5	13	8	18
人件費	2099	2085	2033	736	699	503
順位-人件費順位	2	6	3	−4	−8	0

2016年度

人件費順位	1	2	3	16	17	18
チーム	浦和	神戸	FC東京	福岡	湘南	甲府
順位	3	7	9	18	17	14
人件費	2381	2068	2025	936	798	736
順位-人件費順位	1	10	1	2	0	−4

2017年度

人件費順位	1	2	3	16	17	18
チーム	神戸	浦和	鹿島	札幌	仙台	甲府
順位	9	7	2	11	12	16
人件費	3104	2644	2382	1206	1165	883
順位-人件費順位	8	5	−1	−5	−5	−2

2018年度

人件費順位	1	2	3	16	17	18
チーム	神戸	鹿島	浦和	湘南	仙台	長崎
順位	10	3	5	14	11	18
人件費	4477	3157	3108	1384	1232	814
順位-人件費順位	9	1	2	−2	−6	0

（人件費の単位:百万円）

[図8　各J1クラブの人件費の使用効果と1勝あたりの人件費]

	チーム	効率指数	1勝あたりの金額（金額の単位:百万円）
1	川崎F	-18	102
1	広島	-18	107
3	札幌	-16	100
4	仙台	-14	101
5	湘南	-12	96
20	横浜FM	6	145
21	浦和	10	142
22	柏	15	154
23	神戸	26	224
24	名古屋	30	215

年俸分の反映が大きく影響しているので、神戸ではなく、この年の選手人件費2位だった鹿島の31・6億円を当てはめると格差は3・9倍になる。

つまり、J1における収入も、人件費の支出も約4倍程度の開きがあることになる。

最も少ない人件費で降格圏に入らなかったのは、2016年の甲府だけだ。それ以外はすべて降格圏だったことから、少ない人件費では、上位に食い込むのは簡単ではないことがわかる。しかし、一番お金を持っているチームが一番強いかというと必ずしもそうはなっていない。浦和レッズの順位は2015年3位、2016年2位、しかし2017年には7位にまで落ち込んでいた。日本サッカー界で初の総収入100億円までにあと一息というところまで来た神戸は10位だった。

マネーボール風に人件費と順位との関係を

人件費を多くかけているチームが必ずしも良い成績をあげているとは言えない。見てみよう［図7］。

2015年から2018年シーズンを見ると、2015年の湘南を除けば人件費が少ないチームは下位の成績という傾向が見られる。一方、人件費を多くかけているクラブが成績上位という傾向はあまり見ることができない。クラブ全体を見渡すと2015年から2018年シーズンまでは3年連続で順位と人件費との間の相関値は0・6～0・7だったが、2018年シーズンは0・19と相関関係が無かった。2018年シーズンの人件費が突出して多かった神戸が10位、人件費が浦和に次ぐ4位だったが、名古屋が15位、人件費5位の柏が17位でJ2に降格、人件費6位の鳥栖が14位と、これらの4チームが大幅な外れ値となってしまったため、全体の相関関係が崩れたことになる。つまり、競技成績という面に限れば、神戸、名古屋、柏、鳥栖は高額の人件費をチーム強化のために使うことができていなかったことになる。一方で、甲府、仙台、湘南は少ない人件費を効果的に使えていた例だ。

このように人件費額が多い順位と実際の順位とのギャップを比較して、Jリーグマネーボールランキングを出した［図8］。対象チームは2015年から2018年の4年間にJ1でプレーした24チームだ。シーズンごとに（実際の順位）－（人件費の多い順位）を出し、各シーズンを足し、期間中24チーム中、もっとも効果的に人件費を使ったチームと、人件費を効果的に使えなかったチームを5チームずつ選び、それらのチームが1勝するのにいくらの人件費をかけたのかについても算出した。

　上位5チームは、1勝するために平均約1億円かかっていたのに対し、下位5チームの平均は1・75億円と75%も多く人件費がかかっている。神戸と名古屋に関しては1勝あたり2億円以上をかけていたことになる。このランキングにおいて優等生の川崎Fはこの4年間に3位が1回、優勝2回とトップ3入りを3回果たしている。もう1チームの優等生である広島も優勝1回、準優勝1回とトップ3を2回果たしている。仙台は4年間もの間J1で中位を維持し、札幌も昇格2年目は4位という成績を残している。湘南は、2015年に16位の人件費で8位と一桁順位を達成した。2016年に降格したが、翌年にすぐにJ1に復帰し、その年も人件費16位ながら13位でシーズンを終えた。一方、下位5チームの中では、浦和のみ2回トップ3入りしているが、柏、名古屋はJ2降格という経験もした。

　この表を見ると面白いことに気が付く。上位5チームは、特定の親会社を持たない、いわゆる市民クラブなのに対して、下位5チームは、日産、三菱自動車、日立、楽天、トヨタと日本を代表するそうそうたる企業を親会社に持つ。これらの企業は、秒単位、ミリ・ミクロン単位のオペレーションやリアルタイムのデータ分析、そして、人事評価等組織マネジメントで日本のビジネス界をリードしてきたはずなのだが、サッカーにおいてはそのノウハウが持ち込まれていないということなのだろうか。

『サッカーデータ革命』の著者クリス・アンダーソン氏は、弱小チームから革命が起きると予測していた。この結果を見る限り、日本でもその予測は当たっているのかもしれない。

サッカークラブにおけるマネジメントと分析思考の必要性

スポーツビジネスにおけるマネジメントを考える際、競技面の成績向上についてはフィールドマネジメント（FM）として、事業面についてはビジネスマネジメント（BM）として、それぞれ別々に取り組む必要性があった。理由は、スポーツビジネスは、競技成績により収益が変動することが多いので、競技成績のみに依存しないように収益を高めることが重要だからだ。これまでに、FM面の強化のためのデータ活用の事例や、日本においてデータ活用の普及を阻む壁について述べてきたが、ここではBM面についても考えてみたい。

コロナ禍において、人が集まることや移動することで成り立つスポーツをはじめとしたエンターテインメント業界は、ビジネスそのものが非常に厳しい状況に置かれている。集客ができないことにより、少なくとも２０２０年シーズンは、プロ野球で約40％、Ｊリーグで約20％を占める入場料収入が大幅に減少するはずだ。プロ野球やＪリーグなどの大規模スポーツイベントは、２０２０年8月末まで試合開催時の最大入場者数５０００人以下、もしくは会場収容率50％以内のうちの少ない方を上限とする運用措置が取られた。昨シーズン初めて平均観客数が2万人を超えたＪ１の各クラブでは、５０００人程度は埋まるだろうと見込んだはずだ。しかし、お盆休み最後の週末、Ｊ１第10節の平均観客数を見ると約３８００人、これは5000人の収容率に対して76％でしかない。Ｊ2も同じ時期の第12節の平均観客数は約2300人、収容率の半分以下の46％だった。これを昨年の1試合当たりの平均観客数と比較するとＪ1では81・5％減、Ｊ2では67・5％減となる。入場料収入だけでなく、スタジアム内でのアルコール販売の禁止、その他飲食、物販などの売上の減少、さらにマッチデースポンサー料も減ることを考えると、試合当日はかなりの減収に見舞われたことになったはずだ。キャッシュフローを考えるとクラブの存続に大きな影響を及ぼしかねない。

そのような状況下において、Ｊリーグは財務的にサポートするために素早く行動した。一つ目は、金融機関との間で長期借入枠、いわゆるコミットメントラインの設定を行ったことだ。そしてもう一つは、親会社が会員クラブに対して支出した広告宣伝費などの税務上の取り扱いに関して国税庁に対し、プロ野球球団同様の措置が取れるという回答を引き出したことだ。

リーグとしての対応とは別に各クラブにおいても、同様の、あるいはそれ以上のリスクマネジメントが必要なことは間違いない。各クラブは、コロナ禍における今と、それ以降について自ら状況を分析しつつ、リーグの対応をどのように活用すべきか考えながら様々なシナリオを想定する必要がある。そこでは、一時的、あるいは恒久的に収入が下がる悲観的なシナリオも描かなければならない。

「入るを量りて出ずるを為す」ことを徹底する縮小均衡止むなしを覚悟するシナリオだ。

支出をコントロールするということは、減らすということではなく、必要なものに対して適正な額を賢く支出するということだ。この時期のスポーツビジネスは、現状がいつまで続きそうなのか、それが長期に渡った場合どういうアクションを取るべきか、短期で終わった場合でもすぐにコロナ前の世界に戻るのか、など非常に高度な状況分析が求められる。

そして、いずれのケースにも対応可能な柔軟な発想と組織が必要だ。未来を作るために改めて、今のスポーツビジネスの特徴について考え、変えていくべきポイントを探ってみたい。

(1) 公共性

スポーツビジネスについて考えるとき、真っ先に挙げられるべき特徴は、〝公共性〟だ。

Jリーグのクラブはじめプロスポーツの商品は「試合」だ。その試合を観戦するための入場料収入、グッズ収入、スポンサー収入、放映権を原資とするリーグからの分配金などが主な収入源で、2019年のJ1所属クラブの平均収入は50億円弱、J2所属クラブの平均収入は約16・5億円だ。収入の元となる「試合」は、クラブが存在する地域のスタジアムで行われる。そのスタジアムの建設には最低でも100億円程度の資金が必要になる。クラブ単体でこれだけの莫大な初期投資を行うことはほぼ不可能だ。2018年のJ1の資本金額の平均は5億4000万円、J2は4億1000万円程度だった。これを見れば、どのクラブも自前の資産としてスタジアムを所有していないことがわかる。一部、ジュビロ磐田や柏レイソルなど親会社が所有しているスポーツ施設をホームスタジアムとして利用しているクラ

2020年1月にこけら落としを行った「サンガスタジアム by KYOCERA」。(写真：合同会社ビバ＆サンガ)

ブや、ガンバ大阪のホームスタジアムのようにガンバ側のスタジアム建設基金により建設されたものもある。しかし、それ以外ほとんどのクラブは公的資金によって建てられたスタジアムを利用させてもらいながら、「試合」という商品を生産している。公的施設を利用しながら事業を行うことが可能なのは、スポーツが地域における課題を解決できるソフトであるという、ある種暗黙の了解があるからだ。誰も疑いを持たず、公的施設でプロスポーツの興行が行われているという事実がスポーツにおける〝公共性〟を示していることになる。

このように〝公共性〟という特徴は、莫大な初期投資をかけずにビジネスの舞台を用意してくれるという面において武器になる一方、試合のタイミングに合わせて収入機会を最大化するための不便さや法的制限も多分に存在する。これまでに作られたほとんどのスタジアムは、競技する人が使用するための箱という視点で建設されていたため、見に来た人に喜んでもらう、楽しんでもらうことには必ずしも適していなかった。つまり、スタジアムは、観客が試合観戦を楽しむための箱ではなく、体育施設という箱を興行用にも利用しているわけだ。体育施設である以上その施設の監督は、教育委員会によって行われている。教育委員会では、当然ながら興行に関するノウハウを有していないため、快適なスタジアム空間を期待することは難しい。さらに、スタジアムなどの大型スポーツ施設は、国交省の都市公園整備の助成金を受けていることが多く、都市公園法に縛られ、飲食、物販の事業を行う際多くの制約がある。こうした様々な制約条件を可能な範囲で改善するために指定管理者制度が設けられた。今後クラブは、この指定管理者制度を活用しスタジアムの有効活用に積極的に取り組んでいくことが求められる。

現在、アドバイザーとして関わっている2020年1月にこけら落としを行った京都府亀岡市の「サンガスタジアム by KYOCERA」の事例を紹介する。指定管理者は、京都サンガF.C.と地域の健康とスポーツ企業株式会社ビバとの合同会社ビバ&サンガが京都府と向こう10年に渡って務める契約をしている。このスタジアムは最寄り亀岡駅の目の前に広がるスタジアムで、5分もあれば正面入り口にたどり着ける。スタジアム内に入れば、女性トイレの数と導線、VIP向けルームとラウンジ、360度自由視点による分析システムなど試合開催時におけるスタジアム施設の充実に加え、VRフィットネスクラブ、eスポーツプレーエリア、スポーツテクノロジー、スポーツビジネスのインキュベンションセンター、3×3

バスケットボールコート、スポーツクライミング、京都亀岡大河ドラマ館（2021年2月14日閉館予定）など試合開催日以外にも楽しめる施設とソフトの充実した新しいコンセプトに満ち溢れたスタジアムだ。縁あって、このスタジアム内のあるシステム導入に際して関わることになったが、インフラ、運用に関して考えるべきことなど、おや？　と思うことが多かったことも事実だ。しかし、これまでのように単に箱を作るだけではなく、ここを本拠地にJリーグを戦う京都サンガF.C.のリーグ戦ほか年間開催試合数22試合の収入およびサポーター満足度を最大限引き上げ、ホームチームの強化に対してできる限りの貢献をしたいという思い、試合開催日以外の340日をどのように活用し、稼ぎ、地域に還元するか、ということを考えて作られたスタジアムだからこそ、外部の専門家の意見も取り入れてくれたのだろう。

このような京都のスタジアムの発想は、指定管理者のビバ&サンガと自治体のスポーツを通した地域振興という思いが結実した形だ。今後クラブと指定管理者がいかにこの施設を活用して事業展開できるか注目だ。それは、コロナ前のスタジアム風景に戻すという意味ではない。それは〝公共性〟という観点から考えると、コロナの感染リスクに対して自治体は極めてナーバスであるからだ。したがって、仮に収容率が以前の50%以下であっても、試合という商品をこれまでと別の形でこれまで以上の数のファン、サポーターに届け、事業を成立させる仕組み作りを考えるという意味だ。さらに、スタジアムをハブにこれまで以上に日常的に、地域一体の活性化に繋がるようなイノベーションを生みだすことが重要になってくるはずだ。

(2) 多種多様のステークホルダー

制約はあるものの、莫大な初期投資を免れ、試合会場の確保ができると、次に考えることは試合開催日の事業機会を最大化することと、試合前後の収入機会を模索することだ。スタジアムでの試合をハブにして、試合前後に散らばっていた収入機会の点を線にすることにより、それを活用しようとする多くのステークホルダー(利害関係者)の参加を促す。スポーツビジネスにおいては、様々なステークホルダーの役割を機能ごとに整理し分類して理解する作業が大事だ。分類したステークホルダーとその中身を見てみよう。

1. 所有者:クラブ、球団保有者のことで、野球は基本的に親会社の完全子会社という扱いだが、サッカーでは複数の株主を持つクラブ、市民クラブという形で企業に加え、サポーターなど個人にも所有権を持たせるケースもある。野球においては昭和29年に国税庁の通達により親会社が各事業年度において球団に支出した広告宣伝費、欠損分の補填、による球団の欠損金を広告宣伝の経費として取り扱うこと、欠損分に対する親会社からの貸付金などを事業年度の損金として処理ができることになった。戦後、野球を通した経済復興のための特例措置として今も残るこの税務上の恩恵を、国税庁はコロナ禍においてJリーグでも適応可能という見解を示した。プロ野球と異なるのは、親会社の定義だ。Jリーグではクラブが必ずしも親会社の完全な子会社ではなく、複数の所有者のケースがほとんどだ。その複数の所有者およびスポンサーにまで親会社の定義を拡大している。つまり、クラブに対して経済的に関わっている関係者のうち、利益の出ているところがクラブを助けることが可能な仕組みが認められたということだ。この特別措置はコロナ禍の期間中ということだが、何をもって終焉かは専門家でも言い切ることは困難だろう。良いように解釈すれば、コロナはこれからも何らかの形で残るだろうから、この措置は永続的とも捉えられる。一方、国税庁の判断で、ワクチンおよび治療薬が国内で承認されたことをもってこの措置を終了するというケースもあり得る。このように曖昧な部分は残る。さらに、スポーツビジネスも、前述の公共性を盾にすでに十分にメリットを受けている以上、自立して納税する側に立つべきだという指摘もあるはずだ。Jリーグは当初、国税庁によるプロ野球同様の特別措置を受けることができなかった。各地域におけるクラブの存在感を高め、自立を促したことでここまで成長してきた。その25年の成果が認められ、現在の非常事態に際して、プロ野球同等の措置が認められたのだろう。しかし、この25年かけて作り上げてきた集客を中心とするビジネスモデルが崩れかけている中で、新しいビジネスモデルが確立するまでの間、この仕組みを享受することは必ずしも悪いことではないと思う。ただし、この仕組みを導入することが単なる延命措置にならないように、クラブはもちろんリーグも、場合によっては国も様々な施策に対して柔軟に対応する必要がある。

2．競技関係者：各クラブを統括するリーグ、協会などと競技に直接関係する選手、指導者などが含まれる。スポーツビジネスの事業規模が大きくなるにつれ、リーグ、協会でも一般のビジネスコンサルタントやＩＴ関係の専門家が、また競技サイドにおいても競技パフォーマンス向上への要望、選手報酬の高騰という状況を受け、メディカルスタッフ、コンディショニングコーチなどの多くの専門家が関わるようになってきた。

特に、現場における競技関係者においてはテクノロジーを導入するだけではなく、効果的に運用することを強く望みたい。今まで同様に時間が無限ではなく、限られた時間でパフォーマンス、コンディショニング、リハビリなどの効果を上げることが求められる。各選手のピッチ上のデータから状態を認知し、効果的なサポートをすることを可能にしていく必要がある。

3．ファン、サポーター：これまで厳密な定義はなく、例えば、お気に入りのチームのユニフォームを身につけてスタジアムに訪れてくれるような人を総じてそのような表現をしていた。しかし、今は、オンラインを通したチケット購入形態の普及、アプリなどを活用したスタジアム内外での洗練されたマーケティング活動の成果で〝誰〟が〝どのくらいの頻度〟でスタジアムに訪れたのかがわかるようになってきた。そのためロイヤリティの高いファンから、ライトなファンまでごひいきチームとの関わりがわかるようになってきたので、ファンのレベルに応じたアプローチができるようになってきた。

それらのファンに対し、来場以外の目的でチームを応援してもらうための商品およびサービス開発を行うと同時に、今までスタジアムに訪れたことのないファンをオンラインを通して関わりを持つようなサービスも考えていく必要がある。

4．メディア及びメディア周辺関係者：これまでは主にテレビ、紙媒体など既存メディアとそれらのメディアに載せるコンテンツ制作を行う会社が主な役者だったが、OTT（Over The Top）業者による新たなコンテンツ配信形態が普及し始めた。また、紙媒体が主流だった時代はライター、編集者などの専門家が情報発信の主要な役割を担っていたが、SNSの普及に伴い、誰でも情報発信が可能になってきた。かつて、スポーツ観戦の醍醐味はスタジアムでしか味わえないとされていたが、1964年の東京五輪で、プレー再生、スローモーション再生による視聴が可能となった。その映像は当時、現地では見ることもできない映像だったため、テレビによる観戦体験も一気に普及した。今後は4K、8Kなどによる鮮明な映像だけではなく、誰でも自分の好きなところから自由な視点で映像が楽しめるようなこれまでにない視聴体験を考えて行く必要がある。

5．ビジネス：もっとも多種多様のステークホルダーが存在するのが、このビジネス領域だ。スポーツに必要な用品用具メーカー、選手の仲介人、マネジメント会社、チーム強化、ゲームなどに必要なデータを作成する企業など、必ずしもスポーツに関係する業種とは限らず、スポーツを通して自社及び自社製品、サービスのブランディングを行うことを希望する企業も多い。今後は、コロナ禍において来場者数の制限がある中で、収益の約20%を占める入場料収入に変わる新しいビジネスモデルを生み出さないとスポーツビジネスそのものが大きく縮小してしまう可能性すらある。そういう意味では、今後、新しいベンチャー企業も関わってくるはずだ。

コロナ禍において、スポーツビジネスの灯を消さず、サスティナブル（持続可能）な事業にしていくために、一時的には先の国税庁の通達を利用して、収益性の高い事業を展開している企業のサポートを得る必要があるかもしれない。また、自社の持つ技術やサービスを新しい分野で活用するための実験の場としてクラブを活用することもできるかもしれない。企業との関係を寄付、研究開発というこれまでとは違う形でお互いにメリットを享受していく方法を模索していくことが求められている。

6．その他：先に述べた自治体、施設、指定管理業者など運営するための箱に関する関係者が含まれる。ここでは、現状の制約を受け入れるだけでなく、時代の変化、現状を鑑みて変えるべきところは変えるための働きかけを行っていくことも必要になってくるはずだ。もっとも重要なことは、これまでのどの分類にも属さない新しいステークホルダーがスポーツビジネスに参入して来てくれることだ。そのためには、スポーツ業界そのものが、自分たちの事業領域、可能性について再定義していくことが求められてくるが、それは避けては通れない状況だ。

このように多種多様のステークホルダーが関わっていること自体がスポーツビジネスの特徴の一つだったが、これからは、スポーツ業界自体がこれまで以上に素早く時代の変化に応じ、それにマッチするステークホルダーを受け入れることが必要になってくる。柔軟かつ大胆に変化することを厭わない姿勢を持つことで、スポーツビジネスの未来が変わってくるはずだ。

(3) 勝敗結果という予測困難な要素によって変動する収入構造

公共性、ステークホルダーの多さに加えて、試合の勝敗結果というコントロールできない要素によって、入場料収入、グッズ収入、スポンサー収入に影響があることもスポーツビジネスならではの特徴だ。勝っているときはたくさんのサポーターがスタジアムに訪れ、グッズを購入して頂ける。サポーターだけではなく、スポンサーの財布の紐も多少は緩くなる。しかし、負けが込んでくると逆の現象が起こる。強いチームは、より多くの収入を得ることにより、さらに良い選手を獲得し、ますます強くなる。

『ビジネスで大事なことはマンチェスター・ユナイテッドが教えてくれる』で著者・山本真

司が、プレミアリーグのクラブの競技戦績とビジネスの成果（経常利益）の関係を分析した結果が示しているように、実際に好成績のチームが事業面においても成功を収めているのが現状だ。

スポーツビジネスが勝敗結果に影響を受けるのであれば、このリスクを減らすために、なるべく勝敗結果に左右されないように試合と事業を切り離して考えるのは当然だ。したがってFMとBMで別々に考えることは理に適っている。しかし、DAZNとの長期契約のおかげで、リーグ間による分配金、及び賞金額が大幅に上がったこと、その恩恵を被るのは、リーグ戦を勝ち抜いた1チームには限らないということは先に述べた通りだ。つまり、現状所属しているリーグから一つでもステップアップすること、ステップアップしたリーグでプレーを続けること、そしてJ1までのぼり詰めたら理念強化配分金対象の上位チーム争いに加わることで経済的ベネフィットを受ける対象チームは一気に増える。

わかりやすい例として、J3藤枝MYFCを見てみたい。藤枝MYFCの均等分配金は3000万円だ。現在、J2昇格を目指してライセンス申請中だが、もしライセンスが取得でき、昇格が達成できれば、J2の均等分配金は1億5000万円と現状の5倍になる。藤枝MYFCの2019年の収入は3億2400万円で、そのうち2億5400万円がスポンサー収入だ。1100万円が入場料収入、均等分配金3000万円、残りの2900万円がグッズ販売、その他だ。藤枝MYFCの場合、元々入場料収入は少ないが、今後スポンサー収入もコロナの影響で先行き不透明だ。昨シーズン並みの成績をあげ、ライセンスを取得するという障害はあるものの昇格が実現すれば、1億2000万円の収入が増加する。勝敗結果は不確実だ。しかし、不確実を受容し現場のみに任せてしまうことを止め、少しでも勝利の可能性を高めていくことが大事になってくる。

これまでのBMとFMを別々に行うという考えではなく、今の時代だからこそあえて、クラブが一体となってチーム強化に目を向けるときかもしれない。

(4) 固定費の高いビジネスモデル

スポーツビジネスは、勝敗によって収入が変動するという特徴を持つが、その勝敗を左右する選手たちの人件費は固定費で、かつ、その割合が非常に高いビジネスモデルだ。

試合に勝てず、収入が下がったとしても支払うべき選手人件費は固定費として毎月出ていくため、まともにクラブの資金繰りを圧迫する。一つの目安として、選手人件費率は50%を超えると黄色信号が灯り、60%を超えると赤信号だと言われている。

2015年以降、J1の選手人件費率は毎年増加し続け、2019年の時点でついに平均で50%を超えることになった［図9］。

プロスポーツ選手の選手年俸は、プレーしたシーズンのパフォーマンスを元に翌シーズンへの期待値という形で決められる。そして、一度決めてしまうとそれがベースとなり簡単に

［図9　2015～2019年におけるJ1クラブの売上対選手人件費率］

シーズン	平均	最大（クラブ）	最小（クラブ）	50%以上
2015	44.2%	62.5%（柏）	27.7%（山形）	2チーム
2016	45.1%	61.0%（柏）	34.4%（鹿島）	5チーム
2017	47.8%	66.8%（柏）	33.2%（浦和）	5チーム
2018	48.4%	67.6（柏）	35.0%（長崎）	6チーム
2019	51.9%	98.7%（鳥栖）	39.3%（浦和）	6チーム

下げられない。納得のいかない評価をされた選手は翌シーズンに向けたモチベーションを落としてしまうだけではなく、他チームへの移籍を考える。納得のいかない年俸提示を告げられた選手、仲介人とクラブの強化担当者との交渉と同時並行の移籍、チーム探しはシーズン終了後の恒例行事だ。

２０１７年以降、選手人件費の急騰は、ＤＡＺＮとの契約による分配金、各種賞金の増額分が、選手人件費に回ったためだろう。当然ながら、選手人件費は、会計上費用として計上される。しかし、選手の活躍による成績アップや選手の人気次第で収入が上振れする可能性を秘めていることから、投資的な意味合いが強い。映画『マネーボール』に示唆に富んだセリフがある。

「球団はお金で〝選手〟ではなく、〝勝利〟を買うべきだ」

勝利という結果を出すために必要な選手を集め、勝利に必要なプレーができていたかを評価することが大切だ。選手人件費を投資と考え、ROI（投資利益率）を高めるという考え方が重要になる。そのような考え方を持たずに選手人件費として収入に見合わない支出を続ける。感覚に頼った賭けのような投資で選手を獲得する。それらがうまくいかなかった場合、財政状況は逼迫し、ひどいときにはクラブの存続自体の危機に見舞われることもある。

2020シーズン前に報道されたサガン鳥栖の経営危機は減収と高止まりをした選手人件費のいびつなバランスが原因のひとつだ。

Jリーグクラブの決算状況を見ると、鳥栖の当期純損失はマイナス20億円を超えている。2018年に約23億円あったスポンサー収入が2019年には約8億円と大幅に減少し、総収入も42億5000万円から25億6000万円と金額にして16億7000万円と40％も減少してしまった。

一方、固定費である選手人件費は26億7000万円から25億3000万円と1億4000万円と5％強しか減少していない。まさに、人件費という固定費の下方硬直性というスポーツビジネスの特質が悪い方向に出た事例だ。結果、収入に占める人件費の割合がほぼ100％に近い状態、つまり、選手への報酬を支払ってしまうと、移動の費用、クラブスタッフの費用、試合会場の使用料、その他の費用が一切支払えないことになる。選手人件費に関しては、スター選手だったフェルナンド・トーレスおよび高額な外国人監督への人件費が占める割合が大きかったのだろう。色々表には出てこない要因はあるのだろうが、表面上は、スター選手獲得による入場料収入、スポンサー収入の増加、監督の手腕による成績向上を期待した事業計画に対し、期待していたほどの成績があげられず、収入増加に結びつかない状況で、高額の固定費がクラブの財政状況を逼迫したというスポーツビジネスの典型的な落とし穴にはまった事例だ。

クラブマネジメント（CM）への回帰

コロナ禍において、大きく変化する経済状況下における事業計画を今一度見直すタイミングかもしれない。そこでは、クラブ収益の平均20％前後を占める入場料収入、それに伴う物販、マッチデースポンサーなどの収益への期待をある程度悲観的に見積もる必要がある。もちろん、現状の収益事業に代わる新たな収益モデルの可能性を考えることは重要な同時作業ではあるが、しばらくの間、まだ見ぬ想像上の新しい収益への過度な期待は控えめにしておいた方が良い。

一方、確実に出ていく選手人件費のうち基本報酬に関しては、評価基準に加え、ジョブディスクリプションそのものも明確にした選手評価制度を構築する必要がある。選手評価を行う際の評価項目は試合時のプレーパフォーマンスだけで良いのか？　その他練習態度、オフザピッチの活動など考慮すべき点は他に無いのか？　試合時に行われたプレーは勝利のために、得点を取るために、失点を防ぐために貢献しているプレーなのか？　それらをしっかり評価した上で、翌シーズンへの期待を込めて報酬は決定されるべきだ。ここで、重要なことは、監督、選手にとって納得できる評価の仕組みを考えることだ。双方納得の上で、翌期の報酬額を決めるということが、人件費の合理的なコントロールの意味合いだ。論理的で納得感のある評価システム構築のためには、客観的事実を映し出すデータは必要不可欠だ。

現状のクラブの収入に対して、今後も厳しい状況が継続することを想定すると、固定費の約半分前後を占める選手人件費のコントロールを今まで以上にしっかりと行わなければならない。しかし、勝利への貢献度を加味した評価を元にした選手人件費は単なるコストセンターのコントロールではなく、勝利を買うため、あるいは、チームのブランディングを高めるための効率的な投資にも繋がるはずだ。

そのためには、競技面を理解するために科学的アプローチに積極的に取り組んでいくべきだ。勝ち星を積み上げるための科学的アプローチを行いながら、同時に勝利というサポーターにとって何よりも喜ばしいギフトを届けるためのストーリー作りも大事になってくる。

例えば、勝利を目指すプレースタイルそのもの、そのプレースタイルを実践する選手、彼らの試合中だけでなく試合前後の振る舞いなど、様々な要素を用いてサポーターを引き付けるマーケティング戦略を考えるということだ。他チームと差別化することにより、クラブ固有のストーリーを確立することが重要になってくる。

昇降格があるオープンリーグのJリーグと、降格がないクローズドリーグを採用しているプロ野球では状況が異なるが、ジャイアンツと並ぶ人気球団の阪神タイガースの例は参考になる。阪神は2005年を最後に優勝を経験していない。2018年には17年ぶりに最下位という屈辱も味わっている。しかし、自虐的にダメ虎と表現しながらも一生懸命叱咤激励する多くのファンたちによって愛され続けている球団だ。いかに愛されているかは観客動員数にも表れている。2019年シーズンの阪神タイガースの1試合平均観客動員数は42935人と12球団でトップ、12球団平均30909人より39%も多く上回っている。意識的ではないかもしれないが、長年地域に根付き、良いときも悪いときも、ファンと地元メディアが一体となって、感動と悔しさを分かち合う球団として、なかなか勝てないことでシンパシーが生まれブランドが確立されたユニークな事例だ。

Jリーグでは降格制度があるので、阪神タイガースのように思ったように勝てないけれど放っておけないチームというようなブランディングは難しい。しかし、昇降格の仕組みをうまく活用することを考えてもいいかもしれない。例えば、優勝チームは毎年1チームしか生まれないが、優勝争いに関わるチームにまで範囲を広げると、3チームから4チーム、シーズンによっては5チーム、6チームまでに広がる可能性がある。その可能性を持ち合わせたチームの一つに入ることにより、シーズン後半まで多くのサポーターやスポンサーを引き付けることは可能だ。そして翌シーズンへの期待を持たすこともできる。あるいは、特定の親会社を持たずに、少ない予算で毎年降格をギリギリで避ける、しかし、シーズン中何度か優勝争いを行っている強豪クラブに対してジャイアントキリングを起こすような土俵際のチームというのも、クラブの状況がわかっているサポーターにとっては愛すべき存在になるかもしれない。はたまた、優勝争いには届かないが、降格を恐れるレベルにはない中位レベルのクラブが、ボールを保持しまくる、フィジカルを武器にロングボールが圧倒的に多いといった、徹底した独自のスタイルを貫くチーム、地元選手比率の極端に高いチーム、選手の平均年齢を20歳前後まで下げて戦うチーム、逆に平均年齢30代半ばのチーム、日本代表経験者が大半を占めるチーム、といった様々な特徴を持ったチームを作ってクラブの色を出していってもいいかもしれない。もちろん、特徴あるチームであっても、その裏側には勝利のための科学的アプローチ、選手の本気があることは言うまでもない。

つまり、クラブの強化面と事業面が一緒になって、チームを差別化しながらブランディングを行い、どの順位でも稼げる仕組み作りを考えることを真剣に考える時期が来たのだと思う。現場で勝利を目指すために必要なテクノロジーやデータ分析が、ビジネスを成功させるためにも必要になってきた。

FMで徐々に普及し始めたデータ革命がBMにおいても同様に必要になってきたわけだ。そう考えるとクラブ内で、FMとBMを別々に取り組むのではなく、フィールドマネジメント（FM）＋ビジネスマネジメント（BM）＝クラブマネジメント（CM）としてシームレスに取り組んでいく方が効果的だ。

スポーツビジネスの成長は、スタジアムに人を呼ぶ、来場頻度を上げる、満員のスタジアムと、そこでの感動体験、コミュニティの醸成、それに対するスポンサーの支援、それらが融合して成長してきた。しかし、コロナは人々だけではなく、スポーツビジネスの根幹にまで感染し始めている。しかし、コロナという目に見えない恐怖と向かい合って戦う必要はない。コロナ禍の状況で変わってしまったこと、変わるであろうこと、そして変わらないことを見極め、改めてスポーツビジネスの本質を見つめ直すこと、すなわちスポーツを通して、それに関わる多くのステークホルダーを幸せにする新しい道を模索していくことが大事だ。

スポーツを行うことで身につく能力としてレジリエンスというものがある。

レジリエンスとは、一般的には復元力、弾力と訳されるが、個人、組織においては〝困難な状況において、しなやかに状況に応じて生き延びる力〟を指す。アスリートだけでなく、スポーツに関わるすべての人が、レジリエンスを発揮することが求められている。

そのレジリエンスを発揮するために、多くの情報の中から大事な情報を見極め、判断するための分析的思考が重要なことは言うまでもない。

第4章

Analytic Mindを持とう

運はコントロール不能だ。
サッカーの特徴の一つは予測不可能であること。
すべて予想できたら面白さは減る。

――ピエルルイジ・コッリーナ（イタリア人元審判員）

2020年8月14日（日本時間8月15日）に行われたUEFAチャンピオンズリーグの準々決勝でFCバルセロナがバイエルン・ミュンヘンに2－8と大敗したことで、メッシの移籍報道が流れたのは記憶に新しい。年俸1億ユーロとも言われるメッシの契約解除金は7億ユーロ（約880億円）に上る。

サッカーの世界では、メッシやクリスティアーノ・ロナウド、ネイマール、ムバッペといったスーパースターの年俸は破格だ。彼らのようなスペシャルなケースを除いても、サッカー界で選手に対する投資は莫大だ。スポーツ界全体の平均年俸額を見るとFCバルセロナ（約13億円）、レアル・マドリード（約11・8億円）、ユベントス（約10・7億円）とサッカークラブがトップ3を独占している[図10]。選手人件費というクラブにとっての最大の支出項目は、同時にクラブや試合への付加価値を与えるという意味で投資の意味合いも持つ。クラブのマネジメントは、その投資額に対する合理性をどのように見つけているのだろう。トップ3の

[図10 2019-20シーズンの欧州クラブとＪクラブの平均年俸額]

順位	クラブ	クラブ(Jリーグ)
1	FCバルセロナ 937£(13.0億円)	ヴィッセル神戸 17.2千万円
2	レアル・マドリード 850£(11.8億円)	浦和レッズ 4.9千万円
3	ユベントス 771£(10.7億円)	サガン鳥栖 4.7千万円
4	マンチェスター・シティ 698£(9.7億円)	川崎フロンターレ 4.5千万円
5	パリ・サンジェルマン 619£(8.6億円)	名古屋グランパス 4.1千万円
6	バイエルン・ミュンヘン 612£(8.5億円)	鹿島アントラーズ 3.4千万円
7	マンチェスター・ユナイテッド 550£(7.6億円)	セレッソ大阪 2.8千万円
8	リバプール 937£(13.0億円)	FC東京 2.8千万円
9	アトレティコ・マドリード 537£(7.5億円)	清水エスパルス 2.7千万円
10	アーセナル 438£(6.1億円)	ジュビロ磐田 2.3千万円

(1£=139 円)(出所:英紙『ザ・サン』、Sport Intelligence)

クラブはもちろん、マンチェスター・シティやパリ・サンジェルマンのように、いわゆるオイルマネーに支えられたビッグクラブ以外のクラブが少ない資金で対抗するためにはその合理性を突き詰めていくことが求められる。適正な、可能であれば、より安価な金額で選手を獲得し、チームとして最大の効果を出すことだ。ＲＯＩ（投資利益率）を最大化するために、彼らは長い期間をかけ、様々な経験から自分たちが独自に安くて良い選手を探すための道を模索している最中だ。

日本の多くのクラブの資金力、そしてコロナ禍の現状では、欧州クラブのように長い時間をかけ、失敗と成功を繰り返す時間的余裕はない。自分たち自身で道を開拓していくしかない。

その選手はどこにいるのだろうか。

Ｊリーグのクラブは選手をどのようなプロセスで獲得するのだろうか。

1. 自分のクラブのユースチームから昇格させる。
2. 高校のサッカー部から能力が高く将来性のある選手を獲得する。
3. 大学のサッカー部から能力が高く将来性のある選手を獲得する。
4. 自分のクラブのアカデミー出身者だが、上のカテゴリーに上げられなかった選手を一度他のチーム（高校、大学など）に預け、成長を確認して獲得する。
5. ＪＦＬ及び、その他の地域リーグでからプロで通用する能力のある選手を獲得する。

6. 他のJリーグのクラブから獲得する（契約満了前の選手のリストアップなどを含む）。
7. 契約満了になった選手対象に行われるJリーグ主催のトライアウトで獲得する。
8. 仲介人からの売り込みによる情報を元に海外、国内の選手を獲得する。
9. その他（自クラブ開催のトライアウトなど）

概ねこれらの選択肢の中から、選手を見つけ、獲得することになる。

選手の情報に関して、Jリーグのクラブに所属している選手であれば、試合に出ていれば実際に試合を見ることも可能だし、映像もデータも手に入りやすい。あまり試合に絡んでいなくても、強化担当者および指導者に話を聞けば、ある程度の情報は得ることが可能だ。

ただ、高校、大学では元々Jリーグの下部組織出身者や強豪高校や高校時代選手権出場など実績を残した選手以外の情報はそれほど多くない。そこでは指導者とクラブの強化担当者とのネットワークだけが頼りになる。無名、有名に関わらず、いかに効率的に良い選手を拾い上げる網を独自に作り上げることができるかが重要だ。現状は細いネットワークの糸を手繰り寄せ、強化担当者が気になる選手の試合および練習を見に行き、指導者から直接本人の性格、進路希望、技術、フィジカル的な能力、怪我歴など様々な情報を仕入れるという地道な作業が行われている。

外国人選手を獲得する場合は、よほど有名な選手をピンポイントで取りに行く以外は、仲介人が用意する選手の〝編集〟映像とプロフィール、データなどの情報で判断することになる。しかし〝編集〟の技術次第でごく標準的な選手がその国の代表選手に見えてしまうことが多々ある。実物とのギャップを避けるため、最近はWyscout、InStat、Scout7など、選手のデータ、編集していない出場試合の映像を丸ごと見ることができるサービスを利用するクラブが増えてきている。

いずれの方法であれ、どの選手を獲得するかは、クラブ側のニーズによる。どのポジションの選手が不足しているか？　どのポジションの年齢が上がってきているか？　中長期的な目線でチーム編成を考えるケース、当期の優勝、昇格を狙うため、あるいは降格を避けるための短期的なピンポイント補強という2つのケースがある。

しかし、どちらのケースであれ、選手、チーム双方にとって良かったと思えるように両者にとってハッピーとなるようにマッチングの精度を高めていくことが重要だ。そこではデータが大事な役割を担うはずだ。

ピッチの外でも運が必要なのか？

「データがなくてもサッカーはできる」

かつて一緒に仕事したことがある監督の言葉だ。その通りだ。実際、Jリーグのほとんどのクラブでは、データを使わないか、ほんの少しだけ使いながら試合に臨んでいる。クラブの強化担当者はデータを見る代わりに選手を見る。目を付けた選手の試合だけではなく、練習もしっかり見て、自分のクラブへの練習参加を打診する。しかし、実際に練習参加するとチームを預かる監督からは難しいという評価を受けてしまうことが結構ある。それはスカウトの目には確かに映っても、練習参加した先のチームの監督にとっては不十分なのか、好みに合わないからだろう。

慶應義塾大学ソッカー部で指導しているときに、Jリーグのクラブの強化担当の方がある選手を目当てに頻繁に日吉の練習場に訪れていた。その選手が3年生になったとき、トップチームへの練習参加の声がかかった。本人は期待を胸に練習参加したが、監督からはあまり良い評価を受けられなかったのか、元気なく帰ってきた。早いテンポでボールを動かすことを要求する監督と、スピードに乗ったドリブル突破からのフィニッシュが武器で、必ずしもパスが得意でなかった選手との間ではお互いしっくりこなかったのだろう。しかし、スカウトの高い評価は変わらず、4年生のときに大学の部活を辞め、学生ながらプロ入りの決断をした。その選手、武藤嘉紀のチャレンジ、決断は吉と出た。練習参加当時とは異なる監督が採用した堅い守備からのカウンタースタイルは、彼のプレースタイルにマッチした。武藤のプレーは輝きを放ち、間もなく日本代表にも選出され、ブンデスリーガへの移籍を経て、プレミアリーグでプレーする選手に駆け上がっていった。

一方、別のある選手は異なる経験をすることになった。大学2年生のときに練習参加したJリーグのチームの監督からは非常に高い評価を受け、特別指定選手としてプレーすることになった。大学選抜の一員としてもユニバーシアード大会3位の成績に貢献した。その後スカウトの熱心な誘いで、特別指定選手としてプレーしたクラブとは異なるチームに入団し、いくつかクラブを転々とした。しかし、どこに行っても多くの出場機会を得ることはできず、2020年1月に4年間のJリーガー生活を終えることとなった。選手の成功は、実力だけではない。突然の怪我や病気はもちろん、監督やチームとの相性など運の要素が存在する。しかし、それらすべてが運だと片づけてはいけない。ピッチ同様、運に頼る部分を減らし、コントロール可能な部分を増やす努力はここでも重要だ。

運に任せず合理性を求めよ

選手とチームとの関係は常に相思相愛とは限らない。どちらかの問題で、結果的に不幸な出会いだったと言わざるを得ない場合も多々ある。では、どういうときに不幸な出会いが起きてしまうのだろうか。

ビリー・ビーンは言う。

「選手を変えることはできない。あるがままの姿しか望めない」

誤解を招きがちな言葉だが、真実だ。若い選手に対して、指導と、本人の意識で生活態度を変え、怪我を減らす努力を行い、家族やチーム関係者に対するリスペクトの気持ちを持たせることは可能だ。そういう意味では、少しだけ選手を変えることができる。しかし、元々キックが苦手な選手にワンステップで40mのロングパスをピンポイントで通させることも、メッシのようにドリブルで何人もかわしながらゴールを決める技術を身に付けさせることもほぼ不可能だ。ゲームを鳥のように俯瞰して見る能力や、最適な判断を下す認知能力も天性のものだ。本当は選手たちが身に付けている〝あるがままの姿〟を把握し、それを少しだけ改善し、チームにとって必要なパーツとして適正なポジションに配置するということしかできないのかもしれない。

データは、選手の〝あるがままの姿〟を正しく把握するための大事な情報だ。

結果的に不幸な出会いとなってしまう原因のひとつは、選手の〝あるがままの姿〟を映し出すスカウトの目は主観的だということだ。スカウトの目で評価したその選手の特徴がチームの中で力を発揮できるかどうかは、その選手のあるがままの姿とチームスタイル、監督との相性が大きく影響する。

目で見た主観的な評価というとサイエンスとかけ離れ、少しネガティブな表現に聞こえるかもしれないが、言い換えれば、長年の経験に裏付けされたそれなりに再現性ある手法だ。このやり方でうまくやっているクラブも存在する。2015年から2019年の5年間でJ1に在籍したチームは延べ24チームあり、3シーズン以上在籍したチームは18チームだ。実際の順位と1勝するためにかけた人件費額の順位を比較した。

うまく使えていないチームのワースト3は、名古屋、神戸、新潟だった。

一方、効果的に使えているチームトップ5は、川崎、鹿島、広島、札幌、仙台で、編成および新規加入選手の活躍で成果を出している。札幌はJ1昇格後の3シーズンはJ1で、それ以外の4チームはこの期間中を通してJ1に所属している。そうしたクラブにはある共通点がある。それは、強化部トップを中心とした体制と監督人事に継続性がある点だ。クラブの哲学を体現するために選手と監督を選ぶという姿勢が見て取れる。選ぶ目に継続性があり、受け入れるスタイルに一貫性があればミスマッチは起きづらい。

しかし、主観的な目が頻繁に変わり、受け入れるスタイルも監督次第で変わるのであれば高い確率でミスマッチが起きてしまい、最終的にはシーズンの成績に反映されてしまうことになる。

そのときチームにいたスカウトが見た〝良い選手〟と、そのときの監督の好みが偶然にも合うという幸せなマッチングが起きたとしたら、それは運が良い方向に作用したためだ。『サッカーデータ革命』の著者クリスは「データ分析をしないチームにも成功の道があると予測した。それは、川崎、鹿島、広島のように経験を財産として活用できているクラブか、主観や評判や信頼している仲介人の情報で選手を獲得し、失敗したとしてもそれが許されるほど資金的に余裕があるクラブかのどちらかを示している。

しかし、それ以外の多くのJクラブは良い選手選び、合理的な選手評価を行うために経験を積むか、いち早くテクノロジーとデータの活用を行うか、どちらかを選択する必要がある。今やコロナ禍において、投資を失敗しても許されるという資金的に余裕のあるクラブはほとんどない。来期以降さらに収入の減少が見込まれる状況では限られた資金で最大の効果を出さなければならない。そのためにデータとテクノロジーは強力な武器になる。

データとテクノロジーを効果的に使っていくために、ビル・ジェイムズが発見し、ビリー・ビーンが実践したセイバーメトリクスの理解は大いに役立つはずだ。

SABR METRIX（セイバーメトリクス）とは何か？

SABR METRIX（セイバーメトリクス）とは、Society for American Baseball Researchの略称のSABRとMetrics＝測定基準を合わせた言葉で、野球の選手を評価する基準に統計学を用いることで、より客観性を重視し、不公平感を解消するための分析手法のことだ。

提唱者は、熱狂的な野球好きが高じて野球ライター、野球史研究家、そして野球統計の専門家となったビル・ジェイムズだ。彼は現在、ボストン・レッドソックスの上級コンサルタント（Senior advisor of Baseball operation）も務めた。ジェイムズは、従来の野球選手やプレーの評価法は本当に正しいのだろうかと疑問を持ち、データという事実を元に野球にとって本当に重要なプレーとは何なのかを徹底的に研究した。

彼の研究は、自費出版された『野球抄1977―知られざる18種類のデータ情報』で紹介され、少しずつその考え方が浸透していった。

データという客観的な指標を用いて様々な仮説を検証可能にしたことと、その興味深い仮説が多くの人の知識を刺激し、さらなる仮説を立てる土台を作ったという意味でジェイムズの野球界、そしてスポーツ界全体に与えた影響は極めて大きい。

［図11　2008年度日米野球比較］

	チーム名	年俸総額(高い順)	1勝あたりコスト(高い順)	結果
NPB	巨人	34.2億円(1位)	4,067万円(4位)	セ優勝
	ソフトバンク	33.8億円(2位)	5,279万円(1位)	パ6位
	阪神	33.2億円(3位)	4,054万円(5位)	セ2位
	西武	18.8億円(7位)	2,469万円(7位)	日本一
MLB	ヤンキース(NY)	201億円(1位)	22,635万円(1位)	ア東3位
	メッツ(NY)	136億円(2位)	15,256万円(4位)	ナ東2位
	フィリーズ(PHI)	113億円(7位)	12,283万円(8位)	WS制覇
	レイズ(TB)	63億円(25位)	6,527万円(29位)	ア優勝

(出所:日本プロ野球選手会、日本プロ野球機構、CBSSports.com、mlb.com、などから分析)
(注:1USドル=100円としてMLB所属球団の年俸および1勝あたりコストを算出)

『マネーボール』は2011年にはブラッド・ピット主演で映画化されたことで多くの人に知れ渡った。同時に、セイバーメトリクスという言葉を知る人も増えてきた。しかし、その中身を本当に理解しているのは、プロの現場を預かるほんの一部の人たちと、相当な野球好きくらいだろう。

セイバーメトリクスが普及する以前、多くの野球ファンと現場関係者は共通した〝良い選手〟像を持っていた。打者で言えばホームラン打者、打率の高い打者、打点を多く稼ぐ打者だ。この3つのランクがすべてトップであれば3冠王という最高打者の栄誉を得る。投手では、最も多く勝った投手、防御率の高い投手が良い投手という評価を受けた。それらの成績が良い選手の年俸が高いことになる。したがって、チーム強化のためにそれらの選手を獲得、あるいは保有し続ける場合にもお金が必要だ。結果、お金のある球団のみが〝良い選手〟を保有できた。

しかし、プロ野球は勝負の世界だ。お金がある球団＝〝良い選手〟が多くいる球団は強いのだろうか？

［図11］は、『マネーボール』が出版された数年後、映画化される数年前の日米のプロ野球の選手の年俸と1勝あたりのコスト、シーズン成績を比較したものだ。

日米共にお金のある球団が必ずしも良い成績を収めているわけではないことは一目瞭然だ。

２００８年、日本一に輝いた西武ライオンズの年俸総額はＮＰＢ12球団中７番目だ。ＭＬＢでワールドシリーズを制覇したフィリーズの年俸総額は７位、アメリカンリーグで優勝したレイズはＭＬＢ30球団中25番目で、１勝あたりにかかるコストという点では下から数えて２番目に低かった。

プロ野球チームにとって〝勝利〟することはもっとも重要な目的の一つだ。本塁打を打つ選手、打率が高い選手、打点を挙げる選手、速い球を投げる選手、切れの良い変化球を投げる選手、これらの選手を獲得することも、ドラフトで良い選手を獲得することもすべて勝つための手段だ。

獲得した選手が本当に勝利に貢献できているのであれば、高額の年俸を支払う合理性がある。しかし、日米の年俸総額と1勝あたりの人件費コストの表を見ていると、多額の年俸を払っている球団が、シーズン単位で見たときに、必ずしも効率的に勝利を買うことができていないということがわかる。

［図12　ピタゴラス勝率］

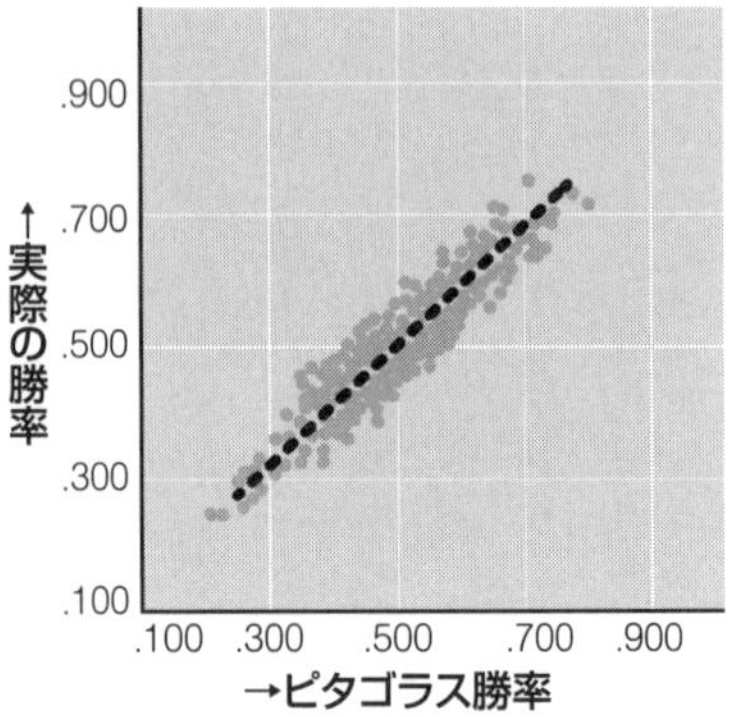

ピタゴラス勝率

$$=\frac{\text{得点}^2}{\text{得点}^2+\text{失点}^2}$$

（出所：株式会社DELTA）
（注：1950〜2019年のNPB全球団を対象）

それでは勝利に必要な選手とはどのような選手なのだろうか？　そもそも勝利のために大事なプレーとはどのようなプレーなのか？　それらを明らかにすることがセイバーメトリクスを知るための出発点だ。

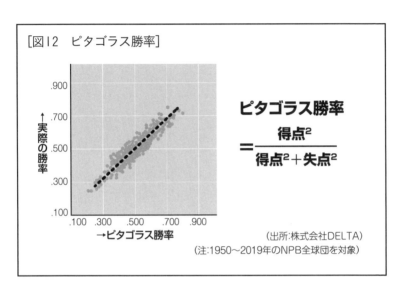

勝つために必要なこと

対戦相手がいる球技スポーツにおいて勝利するための条件は、相手を上回る得点を奪うことだ。当たり前だが、相手チームの得点より上回れば１００％勝つことになる。

そしてプロスポーツのリーグ戦の順位は、１試合１試合の積み重ねで、シーズン終了後の勝率、勝点などで決定される。それでは、試合における勝利の条件、すなわち得失点差で相手を上回ることはシーズンを通した戦いにおいての順位、勝率においても勝利をもたらすのだろうか？

その問いは、ビル・ジェイムズによって考え出されたピタゴラス勝率という計算式によって説明される［図12］。

ピタゴラス勝率とは、得点の2乗÷（得点の2乗＋失点の2乗）によって算出されるもので、得失点差が広がれば広がるほど実際の勝率が高くなるという相関係数の高い式になっている。

この式から、ピタゴラス勝率が上がると実際の勝率も上がることが見て取れる。つまり1試合レベルで得失点差を上回ると勝ちになるが、それはシーズン単位で見ても同じだとわかる。得失点差が多ければ多いほどシーズンの勝率が高くなり、得失点差が少なければ勝率が低くなる。つまり、大勝ちするが大負けする、勝つときの多くは接戦というチームは得失点差が多くならないので、シーズンを通して良い成績を出すことは難しい。

改めて、野球ではより多くの得点を生み出すプレーと、失点をより少なく抑えるプレーが重要だということがわかる。

野球に見る得点期待値

野球は、3回アウトになる前に1塁ベース、2塁ベース、3塁ベースを順番に通過し、最終的に本塁ベースを踏めば得点になる。アウトカウントと、どのベースに選手がいるかという情報があれば、どのような状況が得点に結びついたのか整理して考えやすい。

野球の攻撃は、アウトカウント3種類（ノーアウト、ワンアウト、ツーアウト）×走者状況8種類（ランナー無し／ランナー1塁／ランナー2塁／ランナー3塁／ランナー1塁、2塁／ランナー2塁、3塁／ランナー1塁、3塁／満塁）＝24種類あり、それぞれの状況下でどのようなプレーが得点、あるいは失点に結びついたのかを見ることができる。

24種類の状況において、あるアウトカウント、ある塁上の状況から、そのイニング終了時までに見込まれる得点を野球における得点期待値と呼び評価の重要な指標となっている。

一方、サッカーやバスケットボール、ラグビーのように攻守が頻繁に入れ替わり、味方と相手とが入り混じる競技において、確実に得点できる状況を限定し、分析することは不可能だ。唯一言えるのは相手のゴール、リング、ラインに近ければ近いほど得点の可能性が高まるということくらいだ。しかし、ゴールに近づいても、得点を阻止しようとする相手の人数が多ければ得点という目的を達成することが難しくなる。

したがって、野球のように状況を整理した形で得点期待値を算出することができない。サッカーでは、期待を裏切られることが日常化してしまっているせいか、これまでは得点期待値という考えも言葉もあまり聞かなかった。しかし、近年欧州などでもしばらくｘＧ（Expected Goals）というシュートが成功する確率を得点期待値として使われるようになってきた。

他にも、ピッチをエリア分けし、各エリアから打たれたシュート数と実際の得点から算出

［図13　全24種類の状況における得点期待値（2019年NPBより）］

アウトカウント ＼ 走者状況	なし	1塁	2塁	3塁	1,2塁	1,3塁	2,3塁	満塁
0死	0.476	0.842	1.080	1.369	1.416	1.607	1.845	2.144
1死	0.255	0.518	0.696	1.005	0.919	1.095	1.350	1.549
2死	0.101	0.239	0.341	0.397	0.423	0.511	0.622	0.804

（出所：株式会社DELTA）

する方法、さらに、体のどの部位（頭、右足、左足、その他など）、タッチ数、ゴールへの距離、角度、シュートまでの経路、時間等のデータをＡＩを活用して機械学習させ算出する方法も開発されている。

現状、日本のサッカーではそれほど多くのデータは手に入らない。しかし、入手可能な範囲のデータで合理的に考え、算出を試みることが重要だ。どのようなプレーが得点に繋がり、どのようにプレーすると失点に結びついてしまうのか、コーチングスタッフ、選手、強化、編成などのスタッフが得点に貢献した選手の能力や評価を共有するための共通の物差しを持とうとすることが重要なのだ。

ここでは、野球における得点期待値の考え方からセイバーメトリクスの理解を深めていこう。データの出所は野球のデータ分析を行う株式会社ＤＥＬＴＡだ。２０１９年のＮＰ

Bでは、ワンアウト1塁という状況が4550回あり、その回終了までに2355得点が入った。ある機会に対して、実際に何点入ったかを見るのが得点期待値なので、この場合2355得点÷4550機会＝0・518得点が得点期待値となる。

2019年のNPBのデータを元にあるケースについて考えてみたい［図13］。

例えば、ノーアウトランナー2塁という状況における得点期待値は1・080点だ。ここでヒットが出ればランナーが返り1点を取ることができ、ノーアウトランナー1塁の状況となる。ノーアウトランナー1塁の得点期待値は0・842なので、元の得点期待値1・080から0・238減ったことになる。しかし、ヒットのおかげですでに1点獲得することができている。つまり、ノーアウトランナー2塁という状況で打たれたヒットは得点期待値をマイナス0・238点下げたが、実際に得点1を獲得したので－0・238点＋1＝0・762点分得点期待値をあげたことになる。

一方、送りバントをすると2塁ランナーが3塁に進塁し、ワンアウトランナー3塁になる。ワンアウトランナー3塁の得点期待値は1・005なので0・075（1・080－1・005）点分の得点期待値が下がってしまうことになる。ヒットと比較するとヒットの得点期待値の方が0・687点（0・762点－0・075点）送りバントより高いことになる。セイバーメトリクスでは、送りバントというプレーがあまり評価されていない。それは、この例の通り、アウトと引き換えに塁を進めても得点期待値は下がってしまうという合理的な理由があるからだ。

しかし、この結果は平均的な打者が打席に立った場合のことなので、打つのが苦手な投手が打席に立ったときはアウトになる可能性が高まるので、送りバントの方が効果的だと言う人がいるかもしれない。しかし、打率1割3厘以上の成績をあげている選手であれば、ヒットを狙う方が有効だという統計結果が出ている。ロジックを元に話をすると、「それならばこういうケースはどうなの？」と反論する野球ファンは必ずいる。データと現実を比較しながら議論できるのが野球の面白さのひとつだ。セイバーメトリクスは、そうした議論に対して必ずしも正解を持っているわけではない。しかし、議論が起きたときにデータを元にした根拠を示すことで「なるほど」と思わせるような合理的な考え方を用意している。

セイバーメトリクスの登場は、スポーツバーでドラフトビール片手にフライドポテトを食べながら語る熱狂的なベースボールファンに新たな野球の楽しみ方を教えてくれた。

日本でも少しずつだが、居酒屋で酎ハイ片手に焼き鳥をつまみながら語る生粋の野球ファンがデータについても語り始めているようだ。

一方、現場ではセイバーメトリクスのおかげで、ドラフト前のスカウト陣の熱を帯びた議論が減ることになるかもしれない。それは、エビデンスを元にした分析がベースなので、感情が入る余地が減ってしまうからだ。

セイバーメトリクスの登場は、エビデンスを逆手に上から目線のシステマティックな決定事項を促進させているかのように感じるかもしれない。しかし、それは決して権威的な話ではない。1球ごとに何が起こったか丁寧に記録する。1年間ヒットを打つごとに得点結果がどのように変化したかを詳しく観察し、結果を平均化する。そうした作業を通して、そのヒットには一体どれくらいの価値があったのかを測る。セイバーメトリクスで考え出された指標もそこで使われるデータも、間違いなく野球を少しでも良くしたいと考える情熱の産物だ。

一つひとつのプレーが持つ意味

2019年にNPBでは10102回のヒットというプレーが起きたことにより得点期待値が4481点分向上した。つまり、ヒット1本を打つごとに0・44点分得点期待値が高まったことになる（4481点÷10102回＝0・44点）。本塁打は1688本打たれた結果、得点期待値2344点分向上した。ホームラン1本ごとに1・39点分の得点期待値を高めたことになる（2344点÷1688本＝1・39点）。

逆に、凡打は26776本あり、そのプレーは得点期待値を6601・9点下げた。凡打はアウトカウントを増やすプレーなので、得点価値に対してマイナスに作用するので、凡打1本ごとにマイナス0・25点得点価値を減少させてしまう（6601・9点÷26776回＝－0・25点）ことになる。

このように、プレーごとで得点にどのような変化が起きたかを見ることで、異なるプレーであっても、そのプレーが何をもたらしたかという価値の比較を行うことが可能となる。

野球をはじめとするプロスポーツの大きな目的の一つは勝利である以上、そこでプレーする選手が行うプレーは、勝利のためにどれだけ価値のあるプレーだったのかという視点で評価されるべきだ。試合ごとの勝敗も、シーズンを通したリーグ勝者への道も、得点と失点の差によって決まるので得点期待値を上げるプレーを評価し、下げるプレーは評価するべきではない。

ピタゴラス勝率と得点期待値を関連付けて考えることによって、プレーがどのように勝利に影響を与えているかを評価することが可能になった。これがセイバーメトリクスを使った戦術や選手評価の土台になっている。

出塁率というデータが持つ意味

進歩し続けるセイバーメトリクスでは、選手を総合的に評価する指標としてWAR（Wins Above Replacement）というものが使われている。WARでは選手のプレーを打撃なら打率、投球なら防御率、走塁なら盗塁数、守備ならエラー数などをそれぞれ個別に評価するのではなく総合的に評価する。最先端のWARにおいても攻撃の評価を行う際、出塁率は大事な指標となっている。

『マネーボール』の中で、アスレチックスのビリー・ビーンと彼を補佐したポール、そしてスカウトたちとの間で行われたドラフト会議前のミーティングで興味深いやり取りがあった。

ビリーが「ジェレミー・ブラウンを検討したい」というとスカウト陣からは苦笑交じりに

反対意見が多く出された。「下の下」「メジャー入りは無理」「太り過ぎだ」と。

ポールのPCからは、SECリーグ初の300安打、200四球の記録の情報が上がった。大学生が選んだ四球の数に注目するスカウトは誰一人いなかったが、ポールはそこを重要視した。アマチュアからメジャーリーガーになれた選手となれなかった選手を比較した結果、足の速さ、守備力、身体能力ではなく、ストライクゾーンをコントロールする能力こそが、メジャーリーグで通用するために大事な能力だということに気付いていたのだ。ストライクゾーンをコントロールする能力を示す指標のひとつが四球の数だった。言うまでもなく四球はヒットを打たなくても確実に出塁するプレーだ。この出塁の結果を示す出塁率こそビリー・ビーンがもっとも大事にしていた指標だった。

出塁率は、一見得点そのものに対してそれほど大きな影響力はなさそうだが、得点との相関係数は0・876と非常に高い。相関係数とは、2つ以上の比較対象がお互いどれくらい類似しているか、関係しているかを示すもので、－1から＋1までの数字で表される。ざっくりとした目安ではあるが、0・3~0・5で弱い相関関係あり、0・5~0・7で相関関係あり、0・7以上は強い相関関係がある。出塁率が高ければ得点の可能性が高まるのであれば、相関係数は1に近づき、その両者間の関係がなければ0に近づく。また、出塁率が上がることにより得点の可能性が低くなってしまうのであれば相関係数は－1に近づくことになる。多くの人は、打撃と言えばまず打率を思いつくかもしれない。しかし、打率と得点の相関係数は0・806で出塁率よりも低い。それは打率とは読んで字のごとし「打った」率で「打たない」

［図14　様々なイベントにおける得点価値（2019年NPBより）］

	回数	期待値変化	得点価値
単打	10,102	4481.0	0.44
二塁打	2,510	1930.1	0.77
三塁打	251	306.9	1.22
本塁打	1,688	2344.0	1.39
凡打	26,776	⤵-6601.9	⤵-0.25
併殺打	1,189	⤵-915.2	⤵-0.77
邪飛	1,569	⤵-434.2	⤵-0.28
空振三振	9,937	⤵-2611.5	⤵-0.26
見逃三振	2,980	⤵-729.1	⤵-0.24

	回数	期待値変化	得点価値
振逃	41	15.3	0.37
四球	5,444	1642.0	0.30
死球	633	209.8	0.33
敬遠	300	48.9	0.16
犠打	1,059	⤵-135.8	⤵-0.13
犠飛	368	2.2	0.01
失策出塁	552	265.3	0.48
野選出塁	43	24.3	0.57

（出所:株式会社DELTA）

で出塁したものは含まれていないからだ。式にすると、

『安打数÷打席数－（犠打＋犠飛＋四死球）』

となり、四死球による出塁は評価されていない。前に安打1本につき得点期待値を0・44点引き上げると紹介したが、四球も0・3点ほど得点期待値を高める。得点に関与するプレーの評価ではなく、打つこと自体で評価してしまうと誰が、勝利への貢献をしているかという評価を見誤ってしまうことになる。

貢献している選手は誰だ？

言うまでもなく、得点に直結しているプレーは本塁打だ。本塁打1本打つごとに得点期待値は1・39点上がる。2019年のNPBにおける得点価値を順に並べる［図14］と、本塁打1・39、三塁打1・22、二塁打0・77と長

打が上位に並ぶ。本塁打はそのプレー自体が得点に繋がるが、三塁打、二塁打は塁上に人がいれば本塁を踏ませる可能性の高いプレーであり、打った本人が二塁、三塁に残ること自体、得点期待値を高めるプレーでもあるからだ。

長打率の計算式は、

『塁打数÷打席数－(犠打＋犠飛＋四死球)』

である。打率と異なるのは安打数が塁打数となっている部分だ。打率では単打でも本塁打でもそれぞれを1本の安打とカウントするが、長打率では、ヒットを1、2塁打を2、3塁打を3、本塁打を4とそれぞれに重み付けをしてカウントしている。

得点とは深い相関関係が見られ、長打に対して重み付けを行った結果［図15］、長打率の相関係数は0・91と非常に高いものになっている。

唯一の問題は、打率同様に出塁率では加味されていた四死球が含まれていない点だ。

その問題を解消するために、OPSという指標が考えられた。

OPSとはOn-base Plus Sluggingの頭文字をとったもので出塁率プラス長打率という意味だ。OPSでは四死球を加味するので、エラーでの出塁等を除くほぼすべての出塁を網羅で

[図15　打率、出塁率、長打率、OPSにおける相関係数]

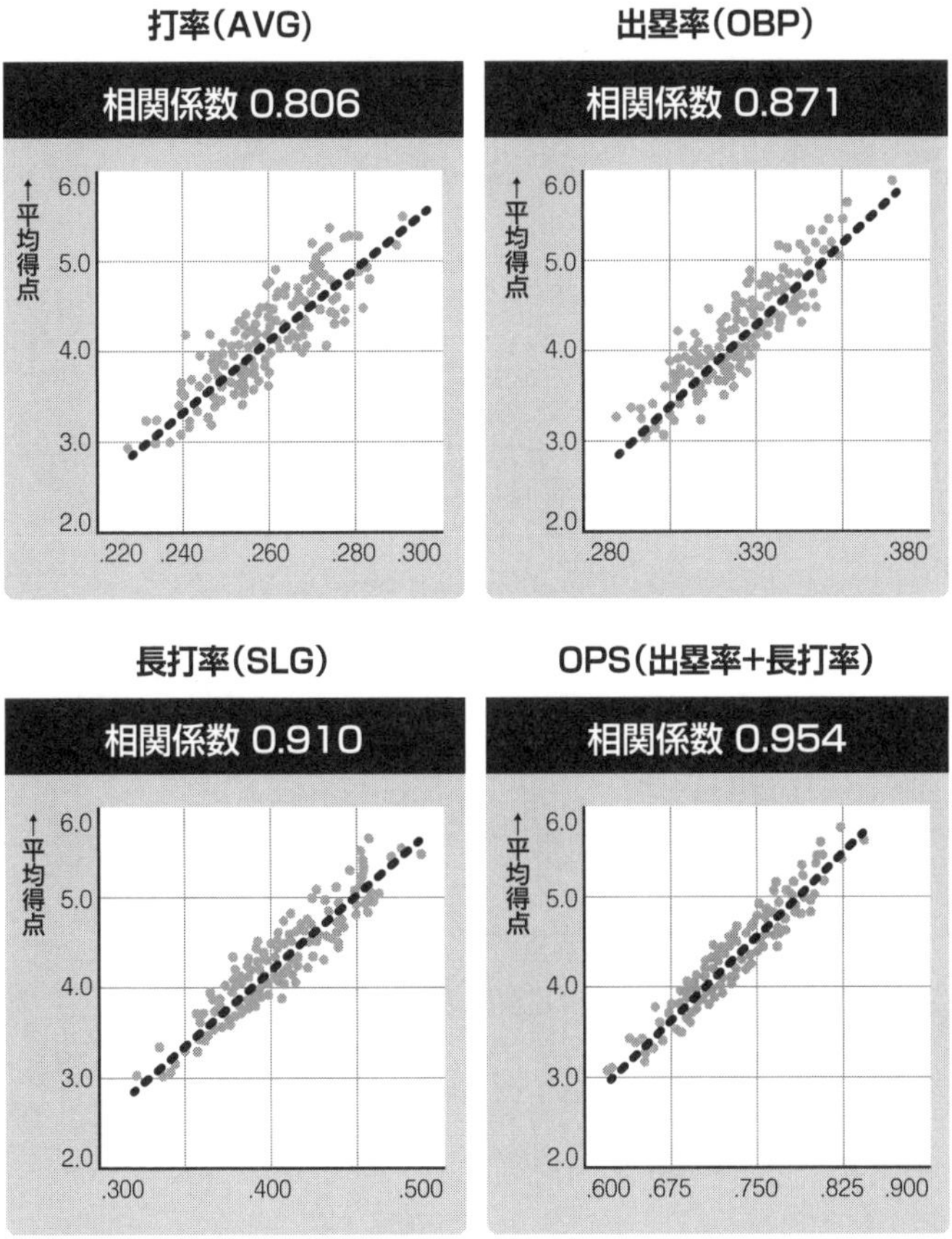

(出所:株式会社DELTA)

きていることになり、相関係数は0・954にまで高まる。さらに図を見ると明らかなように、OPSは、分布傾向を示す回帰直線近くにデータが集まり、外れ値が少なくなっていることがわかる。出塁することにより、塁上にランナーが溜まる。長打を打つことで効率良く進塁させ得点を重ねる。当たり前のように感じるが、野球という競技の誕生以来、この指標が考えられるまでにどれだけの時間が流れたかを考えると、いかに思い込みの呪縛からの解放が大変か身に染みる。

サッカー版セイバーメトリクスへの挑戦

ビリー・ビーンは、古い野球観に決別を告げ、データと強固で親密な関係を作り上げた。そんなビリーの武器はビル・ジェイムズの野球抄、ポールというデータアナリストと彼の利用するパソコンだ。ビリーが特に重要視したのは、得点との相関係数が0・954のOPSという指標だ。しかし、ビリーはそれでもまだ満足しない。OPSにおける出塁率と長打率の重要度を1対1と同じに考えて計算するのではなく、出塁率の重要度をより高めた重み付けを行った。

彼は、ドラフト直前のミーティングの場で、気迫のこもった目でスカウトたちに尋ねた。

“Do you believe in this thing or not?”

つまり、「お前たちは本気でデータを信じるのか?」と。

[図16 2015～2019年シーズンにおけるJ1の得失点差とピタゴラス勝率それぞれと勝点との相関係数]

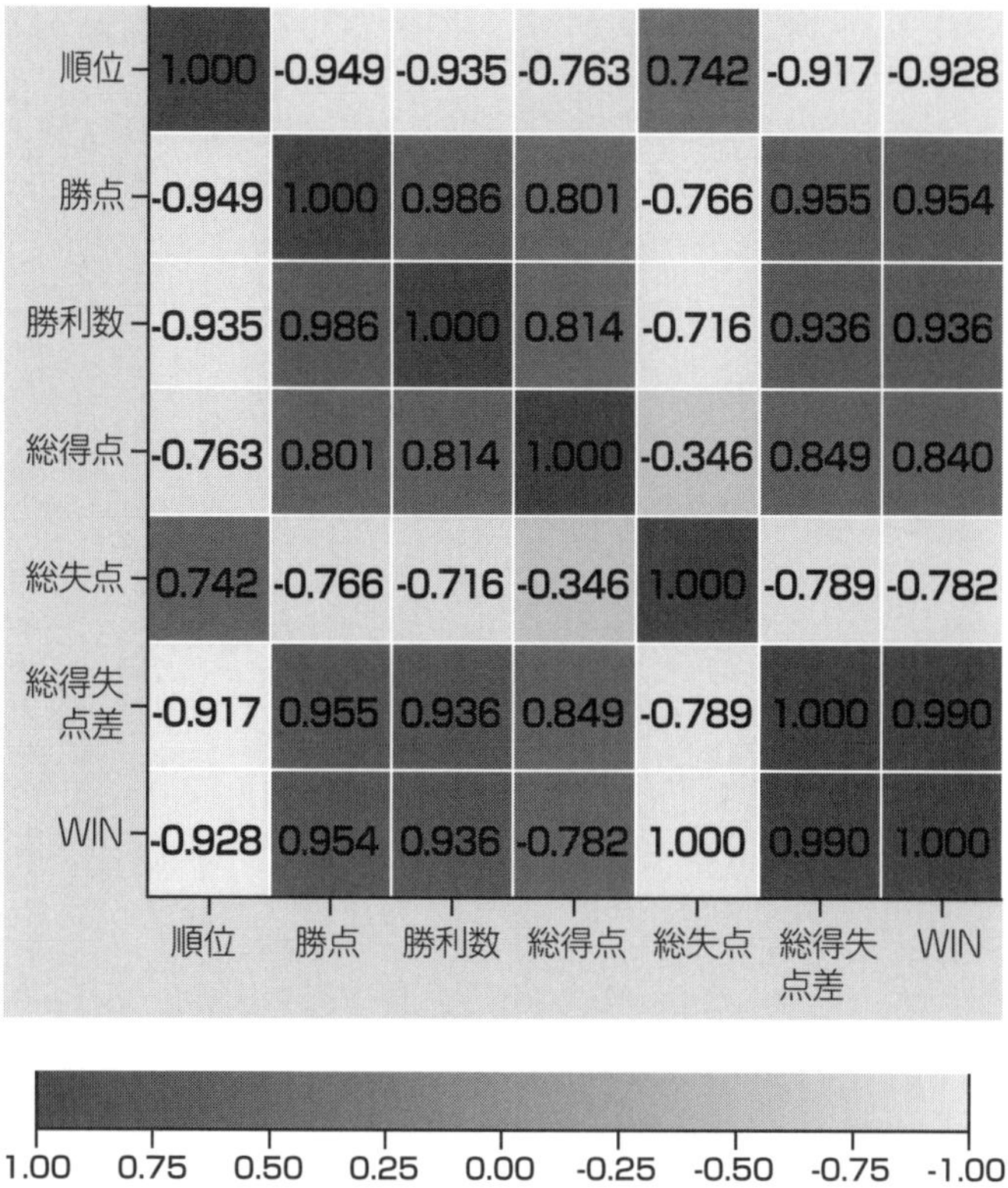

野球におけるセイバーメトリクスのようなデータを中心にした考え方はサッカーでも可能なのだろうか？　もし可能だとしたら、野球における出塁率のようにサッカーにおける勝利に大きく貢献する指標はどのようなものが考えられるのだろうか。

野球同様、サッカーでもチームの目的は勝利だ。まずは勝利の条件から見ていこう。

サッカーの試合結果は、勝ち、引き分け、負けの3種類だ。勝つための条件は、得点が失点を上回っていることだ。得点と失点が同じであれば引き分け、得点より失点が多ければ負けになる。試合単位ではなくシーズン単位でも確認してみる。リーグ戦においては試合結果ごとに、勝利＝3点、引き分け＝1点、敗戦＝0点という勝点が与えられる。毎試合獲得した勝点をシーズン中に行う試合数にかけることでシーズン総勝点が算出され、勝点の多い順に順位が決まる。サッカーでも野球のように、1試合単位の試合結果同様、得失点差はシーズン単位で見ても重要なのだろうか？

それを確認するために、J1の2015年から2019年シーズンにおける得失点差とピタゴラス勝率、それぞれと勝点との相関係数を調べた結果、

『得失点差：0・955、ピタゴラス勝率（W－N）：相関係数0・954』

と共に非常に高い相関関係が見られた［図16］。

この結果は、より多くの得点を奪い、失点をできる限り抑えることで、その日の試合に勝つだけでなく、シーズンを通した勝利の可能性が高くなることを示している。

念のため、この期間のデータにフィットする勝点予測式を推定したところ、

1．得失点差での勝点予測における決定係数（寄与率）0・9126
2．ピタゴラス勝率での勝点予測における決定係数（寄与率）0・9129
3．総得点、総失点で重回帰分析での勝点予測における決定係数（寄与率）0・913

となった。いずれも非常に高い決定係数となっている。この3つの予測式で総得点と総失点を2変数にした重回帰分析が、わずかながらだがもっとも高くなっているのは、勝利の勝点が3、引き分けの勝点が1と、1点でも失点を上回るとより多くの勝点を上げることができるので得点の重要性が強調されていることが原因だ。いずれにせよ、得失点差でほぼ勝点を読むことができるとは言えそうだ。

ゴールへの近道はあるのか？

得失点が試合とシーズン成績、いずれにとっても重要だということがわかった。それでは

［図17　サッカーにおける試合の状況と勝利のためのプロセス］

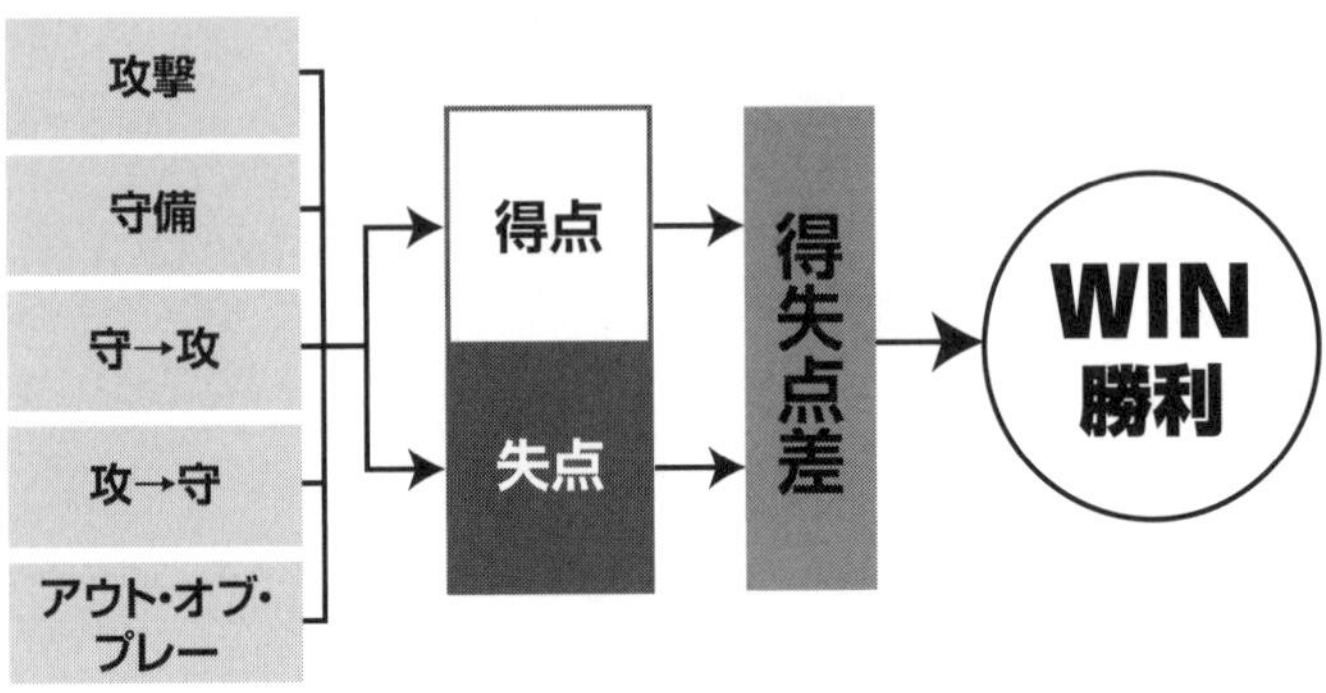

一体どうすれば得点の可能性が高まり、失点のリスクが減るのだろうか。

野球は攻守がイニングの表、裏と分かれているが、サッカーでは、得点を取るための攻撃と失点を防ぐための守備が、時間やその他のルールで決められているわけではない。

ボールを保持している状況からのみ得点が可能であることから、ボールを保持している状況を攻撃とし、ボールを保持していない状況を守備として考えることが多い。

また、サッカーで得点状況を分析しようとしても、野球のようにアウトカウントと塁上の情報から24種類に分類することもできない。それではサッカーの試合をどのように分ければいいのだろう。一般的には試合を以下の4つの局面に分けて整理している。

1. 攻撃
2. 攻撃→守備への切り替え（ネガティブトランジション）
3. 守備
4. 守備→攻撃への切り替え（ポジティブトランジション）

の4つの局面だ。「2」と「4」を攻守の切り替え（トランジション）として一つにして考える場合もあるが、ここでは4つに分けた。実は、これらのプレーはアクチュアルプレーイングタイム（APT）と呼ばれる〝実〟プレー時間内の出来事だ。APTはJリーグでは平均約55分、高校生、大学生では50分程度の時間だ。残り35分から40分、割合にすると試合中の約40％から45％というかなりの長い時間が考慮されていない。そこでここでは5番目の局面として、

5. アウト・オブ・プレー

を加えた。この5つの局面に試合中のすべての状況が含まれることになる［図17］。この5つの局面についての評価指標を探ってみたい。

攻撃の指標

攻撃の目的は得点をあげることだ。パス、ドリブル、クロスボール、そしてシュートもすべて得点を上げるための手段だ。前述の通り、日本ではまだそれほど耳にはしないが、ヨーロッパでは、シュートが行われた位置や状況、それまでのプレーなどを考慮しxG（Expected Goals）得点期待値という指標が使われている。xGは、主に得点に直結したシュート位置や角度、直前のプレー等をパラメーターに組み込み、ある状況下における得点確率を求めるものだ。これまでに行われてきた得点に対する評価だけでなく、得点の可能性を高めるプレー。いわばチャンスの質への評価に発展している。

ここでは、得点に結びつく可能性が高いプレーを積み上げることにより、最終目的である得点の可能性も高まるという視点で指標を組み立ててみたいと思う。

言うまでもなく、得点するために必要なプレーはシュートだ。どこからどのような状況でシュートを打てば得点に結びつくのだろうか?

サッカーのような対戦型球技は、ゴールキーパーがゴールを守り、得点することを困難にしている。こうした競技特性の中で、得点の可能性を高めるための2つの近道がある。一つ目はゴールへの距離だ。ゴールに近いほど得点の可能性は高まる。

わかりやすい例で言えば、バスケットボールの3ポイントシュートだ。バスケットボールでは、3Pラインを境目に同じリングを通っても3ポイントと2ポイントで得点の重さが異なる。得点価値の違いの根拠はリングまでの距離だ。リングまで遠い方が得点が困難だということで、通常の得点の1・5倍の価値を与えている。実際、3ポイントシュートの得点率は約35％、2ポイントシュートの得点率は約46％、フリースローは約77％（NBA2018－2019シーズン）だ。フリースローは、ゴールに近づいた結果起きてしまうファウルに対して与えられるプレーで、ゴールに近いところからフリーでシュートを投げられるので当然得点率は高くなる。

サッカーでは、距離に関係なくゴールネットを揺らせば1点だが、その得点の約85％はペナルティエリア内で生まれている。2019年のJ1ではペナルティエリア内でのシュート決定率は16・8％だったが、ペナルティエリア外での決定率は3・7％にまで下がる。ペナルティエリアは16・5m×40・32mの長方形で区切られているが、ペナルティエリアのゴールと反対側の辺を数メートル出たエリアまで広げるとその確率は約90％まで上がる。

そして、もう一つのゴールの可能性を高めるための近道は、シュートを打つ選手とゴールとの間でできる限り相手守備者の人数と干渉を減らすことだ。人もボールも動くサッカーやバスケットボールの本質とは、シュートを打つ選手に対する相手守備者の干渉を最小限にするための対応だというのは前に述べた通りだ。相手の守備者の妨害がまったくないフリースローの成功率は約77％まで上がる。100％にならないのは、試合状況に応じてプレッシャーがかかり、直径24・5㎝、約600gのボールを高さ305㎝、直径45㎝のゴールリム中心

[図18 J1のシュート及び得点に関するデータ]

	2015	2016	2017	2018	2019	平均
PK数	66	58	54	70	58	61.2
PK得点率	52	47	46	56	50	50.2
PK成功率	78.8%	81.0%	85.2%	80.0%	86.2%	82.2%
シュート数	6591	6325	6202	6419	6177	6342.8
得点数	768	758	747	757	747	755.4
得点率	11.7%	12.0%	12.0%	11.8%	12.1%	11.9%
シュート数(PK含む)	6657	6383	6256	6489	6235	6404
得点(PK含む)	820	805	793	813	797	805.6
得点率(PK含む)	12.3%	12.6%	12.7%	12.5%	12.8%	12.6%

(Jリーグ公式サイトを元に作成)

まで4・225mの距離に入れる技術が必要だからだ。しかし、インプレーと比較してシュートの成功率は大幅にアップしている。インプレーの2ポイントシュートと3ポイントシュートでは、リングまでの距離に差があってもシュート成功率の差は10%程度にとどまっている。それはリングに近づくにつれ、守備者の人数とプレッシャーが増えるからだ。

　サッカーのJ1のシュート決定率を見てみよう[図18]。インプレーのシュート成功率は約12%（2015年〜2019年シーズン平均）となっている。しかし、高さ2m44cm、幅7m32cmのゴールマウスにGK一人しか守備ができないペナルティキックでは、成功率は約82%とインプレー時の約7倍得点チャンスが高まる。

厳密には、相手人数という量に加え、相手守備者がシュートを防ぐためにどのように守ったか、という守備の質も重要な要素だ。しかし、ゴールに近いエリア、あるいは相手のプレッシャーが少ない状況が得点の可能性を高めることは間違いない。

相手ゴールへの距離が重要な要素なので、元々相手のゴールの近くでプレーする機会が多いフォワードの選手はシュートチャンスが多くなる。そのためシュート数だけで攻撃の評価をしてしまうと、当然、フォワードの選手の評価が相対的に高くなる。しかし、シュートまでのプロセスはチーム全体の共同作業であり、得点はその成果だ。チームの共同作業に関する貢献も重要だと考えた。

まずは、シュートまでのプロセスを大きく3つに分解した。

1. ビルドアップから徐々に相手ゴール前に近づきシュートに繋げる。
2. ロングボールを相手ゴール近くのエリアに蹴り、相手と競ってこぼれたボールをシュートに繋げる。
3. セットプレーをきっかけにシュートに繋げる。

それぞれのプロセスにおいて必要なプレーを考え、得点との相関関係の高さに応じて重み付けした。今回は、ペナルティエリア内でのシュート成功率を10倍、クロス、スルーパスのうち3プレー以内にシュートに結びついたプレー率を5倍、セットプレー（コーナーキック

＋アタッキングサード内からのフリーキック）の成功率を3倍、アタッキングサードでのパス成功率を2倍、前方向へのパス成功率を1倍とした。これらのプレーを評価することで前述のプロセス1、2、3それぞれをカバーできる。ロースコアゲームのサッカーにおいてシュートに関わるプレーを行うことは簡単ではない。1試合で平均650回のプレー中シュート数は10回程度、わずか1・5％だ（いずれも2019年J1）。

そのわずか1・5％のプレーために、その他の様々なプレーが行われる。一見無駄に見える多くのパスも失わずに繋ぐことによって、相手の選手が動かされ、効果的なスペースが生まれ、ようやくゴールへの道筋が見えてくる。そのような組み立てが苦手なチームは、その途中経過を経ずに、一気にボールを前線に送り、無理やりゴールへの近道をこじ開ける。どちらのやり方であっても前方へのパスは、得点への可能性を高めるプレーだ。そうしたプレーも評価に含めることで、ピッチ上の11人すべてが評価対象となる。シュートそのものではなく、パスの成功率と得点との相関係数は0・6だ。エリアで見ると、ディフェンシブサードでのパスの相関係数は0・54、ミドルサードでは0・58、アタッキングサードでは0・63と相手ゴールに近づくにつれ相関関係は高まる。

そうしたことを考慮して攻撃に関してGCIという指標を考えた。

GCI（Goal Contribution Index）＝

（PA内シュート成功率）×10点＋（クロス÷スルーパス3本以内にシュートに結びついた率）×5点＋（CK＋A3内FK成功率）×3点＋（A3でのパス成功率）×2点＋（前方へのパス成功率）×1点

という式で算出したところ、GCIと得点との相関係数は0・9と極めて高い数値を示した。GCIはチーム評価にも個人の評価にも適用可能な指標で、得点するために必要なプレーがほとんど含まれていると言っても過言ではない。

守備の指標

サッカーにおける守備のプレーと言えば何が思いつくだろうか？　タックル、ブロック、クリア、インターセプトなどだろう。しかし、それらのプレーと失点との相関関係は0・2〜0・3程度しかない。

守備の最終的な目的とは、失点を防ぐことだ。タックルもブロックもクリアもインターセプトも失点を防ぐための手段で、それらのプレー機会が多いということは、それだけ相手に攻撃を許していることになる。

失点を防ぐための手段である守備のプレーが多ければ、守備に貢献していると評価して良いのだろうか？　その数が多いことや、その対応がうまくいかなかった場合、対応した選手がすべての責任を負わなければならないのだろうか？　これらの守備的なプレーをしなければならない状況は、必ずしも対応した選手のミスに起因しているわけではない。むしろ、味方の選手が引き起こしたピンチへの対応というケースが多い。ヨーロッパでは、ＡＤＤ（Average Defensive Distance）と呼ばれる指標がある。守備の平均プレー位置を見る指標で、いかに高い位置で守備ができていたかを測る戦術の物差しの一つだ。

他にもＰＰＤＡ（Passed allowed Per Defensive Action）と呼ばれるハイプレスが効いていたかどうかを評価した指標もあり、

『相手陣内の相手のパス本数÷守備アクションの回数』

で表される。守備のプレーが行われた位置を見るだけでなく、いかに相手陣内でパスを回させないかという視点で出したデータだ。高い位置からボールを奪いに行けるか、引いて守れるか、という守備戦術の成果を、ハイプレス、ミドルプレス、ロープレスの成果測定に活用するという意味では重要な指標だ。

しかし、それらは相手がボールを保持しているときが守備、その時間に起こした守備的プレーのアクションを元に算出される。何とか守備におけるプレーの課題の常識を変えられないだろうか？

２００１年、野球分析家ボロス・マクラッケンから、セイバーメトリクス史上最大の発見と言われる論文が発表された。簡単にいえば、打たれたヒットは投手のせいではないという内容の論文だ。本塁打は、ボールを飛ばす能力がある選手に対して、打ち頃のボールを投げてしまった結果なので投手の責任だが、ヒットはたまたま飛んだ方向、球速、バウンド、守備位置、守備者の対応など偶然の要素と守備者の能力の影響が大きく結果に反映され、投手にはコントロールできないことが多く含まれてしまっている。そう考えると、打たせて取るピッチングというものは成立しないことになる。そのため、守備の影響がないプレーのみを投手の責任の範囲としようとした。

マクラッケンが評価の指標としようとしたのは与四死球、被本塁打、奪三振だけでこの3つは守備のプレーが影響しない。逆に、この3つ以外はすべて守備が関係していることになる。マクラッケンは、その考え方が正しいことを示すために、フィールド上に飛んだ打球がどれくらいヒットになるのかを調べた。式は簡単だ。フィールド上のヒット÷フィールドにボールを打った打席数だ。BABIP（Batting Average Balls In Play）と呼ばれる指標で正確には（被安打－被本塁打）÷（対戦打者－被本塁打－奪三振－与四死球）（ファウルは含まれないがファウルフライは含まれる）という式で表される。

様々な投手ごとにこのデータを調べたが、ある年は、フィールドに打たれた打球の多くはヒットになったが、その翌年はそうでなかったというように一貫性が見られなかった。本当に打たせて取る能力というものが存在するのであれば、毎年BABIPが低い投手が存在してもおかしくないがそういう投手はいなかった。

[図19 2015～2019年におけるJ1クラブのポゼッション率]

2015年

順位	チーム	ポゼッション率
1	広島	50.0%
2	G大阪	51.1%
3	浦和	58.9%
16	松本	40.1%
17	清水	46.7%
18	山形	47.7%

2016年

順位	チーム	ポゼッション率
1	浦和	58.3%
2	川崎F	56.8%
3	鹿島	51.8%
16	名古屋	44.0%
17	湘南	48.4%
18	福岡	45.9%

2017年

順位	チーム	ポゼッション率
1	川崎F	56.2%
2	鹿島	53.6%
3	C大阪	49.0%
16	甲府	43.9%
17	新潟	44.7%
18	大宮	49.5%

2018年

順位	チーム	ポゼッション率
1	川崎F	57.6%
2	広島	47.1%
3	鹿島	49.2%
16	磐田	47.4%
17	柏	49.5%
18	長崎	44.3%

2019年

順位	チーム	ポゼッション率
1	横浜FM	61.4%
2	FC東京	45.6%
3	鹿島	48.9%
16	湘南	44.0%
17	松本	38.7%
18	磐田	49.7%

風が吹けば桶屋が儲かる

この考えをサッカーに応用すると、失点は必ずしも守備のプレーを行った選手（多くはディフェンダーやゴールキーパーのケースが多いかもしれない）の責任ではないということになるのだろうか。この仮説を検証する前に２０１５年以降のＪ１の最終順位とポゼッション率を見てみよう［図19］。２０１５年から２０１９年の５年間は下位３チームでポゼッション率が50％を超えたチームは一つもなかった。

２０１５年、２０１６年は上位３チームいずれもポゼンション率が50％を超えていたが、２０１７年は2チーム、２０１８年、２０１９年は1チームだった。Ｊ１の最近3年間を見る限り、必ずしもポゼッション率の高いチームが上位3チームに入っているわけではないが、過去5年の下位3チームすべてでポゼッション率が低い傾向にあったことは間違いない。

マクラッケンが行った投手の評価を思い出そう。彼はフィールド上の偶然の要素を排除し、純粋に投手の責任で評価できるプレーだけを指標とした。サッカーでも〝偶然何か〟が起きてしまう要素をなるべく排除したい。しかし、サッカーには投手もいなければ、攻守の明確な境目も決まっていない。そうなると、偶然何かが起きないのは、起きようのない状況のときだけだ。それは、味方がボールを持っている時間だ。

実際２０１９年のＪ１のデータを見ると、ポゼッション率は順位と得点との間に緩い相関関係があるが、失点とポゼッション率との相関関係はほとんどない。しかし、相手ゴールラインから30mのエリアへの進入は－0・77の強い逆相関関係があり、インプレー時の被ペナルティエリア進入数とは－0・62というやや強い逆相関関係があった。つまりボールを保持していると攻め込まれにくいということを示している。さらに、被インプレーペナルティエリア進入数は被シュートとの間で0・80と非常に強い相関関係がある。

元々被シュートと失点との間には0・63程度の相関関係がある上に、ペナルティエリアというゴールに近いエリアでシュートを打たれれば失点の可能性はさらに高まってしまう。そのようなシュートを打たせないためにポゼンションは有効な手段だと言える。

失点という現象が起こるプロセスを、ゴールに近付かれる、シュートを打たれるという要素に分解していくと、ポゼッションはそれらに影響を与えている。風が吹けば桶屋が儲かるという諺があるが、サッカーではポゼッション率が高いことにより、結果的に失点の可能性が低くなっていると言えるようだ。

ただ、ポゼッション率自体は時間支配を示すデータだ。より長い時間ボールを支配するためにはチーム全体でどれくらいミスせずボールを共有できたかが重要だ。そのためにはプレーの成功率を見る必要がある。ボール保持時間を長くするための具体的なプレーはパスとドリブルだ。相手に攻撃の機会を与えないという考え方をベースにしつつ、決定的なピンチを防いだシュートブロック率も加え、CPBという指標を考えてみた。他の守備的プレーと異なり、CPBは失点と唯一逆相関関係が見られ、得失点差と0・55という相関関係が見られた。

CPB（Control Plus Block）＝パスの成功率＋ドリブルの成功率＋シュートブロック率
シュートブロック率＝シュートブロック数÷（被シュート数＋シュートブロック数）
※本来打たれているシュート数のうちどの程度ブロックできたかで守備への貢献を評価。

トランジション（切り替え）の評価

野球はイニングの表と裏で攻撃と守備がはっきり分かれている。しかし、サッカーでは、ボールを保持しているときが攻撃で、保持していないときが守備という分け方が一般的だ。攻撃の目的である得点は、ボールを持っているときのみ可能だからだ。もちろん、稀にオウンゴールは生まれるが、それも相手がボールを保持して攻め込んでいるために起こりうるプレーだ。

サッカーにおける攻守の切り替え（トランジション）は、攻撃時にボールを奪われた時、守備時に相手からボールを奪った瞬間のプレーを指す。現代サッカーではトランジションが重要視される。

攻撃時には人数をかけて相手陣内に近づくため、守備をするための物理的人数も少なく、守備意識も薄れることが多い。そのためボールロスト直後の被カウンターは失点のリスクが高まり、ボールゲイン後のカウンターは得点の可能性が高まる。

したがって、攻撃から守備へのトランジションの成果は失点を防ぐことであり、守備から攻撃へのトランジションの成果は得点をすることだといえる。

野球では、満塁の状況でヒットおよび四死球というプレーが起これば100％の確率で得点に結びつく。しかし、サッカーではペナルティキックという決定的な状況であっても得点できない確率が約20％ある。つまり、絶対得点というプレーがないのだ。オウンゴールやリフレクションによるゴールのように偶然ゴールが生まれることはあっても、意図的にゴールするためにはシュートを打つしかない。しかし、世界のトップリーグでも日本のJリーグでも、シュートが得点に繋がる確率は10％強だ。J1の過去5年のインプレーのシュート成功率の平均は11・9％だった。それに対して相手ボールを奪ったあと、シュートに繋げられた場合の成功率は14％にまで高まっている。わずか2％程度の差しかないと思うかもしれない。しかし、シュートの成功率を高めることは簡単ではない。2015年から2019年の5年間でもっとも低いシュート成功率は2015年の11・7％でもっとも高かったのは2019年の12・1％でたった0・4％の差しかなかった。しかし、トランジションからのシュートは通常のシュートより20％近くも成功率が上がることになる。トランジションのきっかけは、ボールゲインとボールロストだ。攻撃→守備、いわゆるネガティブトランジションはボールロストしてしまった後にどれくらいボールを奪い返すことができたかを示すリゲイン率と、ロストしてしまったボールがどれくらい被シュートに結びついてしまったかを示すロスト後の被シュート率で評価する。失ったボールを奪い返すことができれば失点のリスクが減るからだ。

一方、守備→攻撃、つまりポジティブトランジションは、ゲインしたボールをどれくらいシュートに繋げることができたか、そして、そのシュートのうち何本が得点に結びついたかを示す決定率で評価することにした。

TFD（Transition For Defense）＝攻撃→守備（ネガティブトランジション）の評価
＝ボールロスト後のリゲイン率－ボールロスト後の被シュート期待値
ボールロスト後の被シュート期待値＝ボールロスト後の被シュート数÷ボールロスト数

TFA（Transition For Attacking）＝守備→攻撃（ポジティブトランジション）の評価
＝ボールゲイン後のシュート期待値＋シュート決定率
ボールゲイン後のシュート期待値＝ボールゲイン後のシュート数÷ボールゲイン数

トランジションは、チームとして攻撃や守備の戦術を効果的に機能させることが重要なので、チームの戦術評価に使う指標だ。今回2種類のトランジションそれぞれ別々に評価のロジックを示したが、モダンサッカーでは短い時間にトランジションが頻繁に起こる。それを考慮して、TEI（Transition Effect Index）という攻守の切り替え効果指標について出してみた。

「TEI=TFD+TFA」

トランジションの最終的な成果は得点と失点なのでTEIと得失点差の相関関係を見たところ、相関係数は0・795とかなり高いものとなった。前述の通り、得失点差と勝率との相関関係は0・9を超える非常に高いものだ。したがって、TEIを構成するTFA、TFDに含まれているリゲイン率、シュート期待値のような具体的なプレーのデータを改善することにより勝率が高まることになる。

アウト・オブ・プレーの評価

たいていの人は自分の好きな競技の試合時間は答えられるはずだ。サッカー好きの人は試合時間が90分だと知っているだろう。より詳しい人は、それにアディショナルタイムが加わると答えるかもしれない。バスケットボール好きの人は1クオーター10分の4クオーター制で試合時間は40分と答えるだろう。フットサルは20分ハーフで試合時間が40分だということを知っている。競技時間だけを見るとバスケットボールやフットサルはサッカーの半分以下だ。しかし、バスケットボールやフットサルは、ボールがラインを割り、ファウルが起こるたびに時計の針が止まる。つまり、競技時間40分というのは実際にプレーしている時間で、サッカーでいうアクチュアルプレーイングタイム（ＡＰＴ）にあたる。バスケットボールやフットサルは試合開始から終了までの時間が90分を超えることもあり、結果的にサッカーの試合時間とほぼ一緒になってしまう。一方、サッカーの試合時間は90分だが、ＡＰＴはＪリーグでは55分前後、大学サッカーでは50分前後、ワールドカップのアジア予選のアウェイの試合では45分から50分程度だ。カテゴリーやエリア、試合の位置づけなどでＡＰＴの長さは変わるが、90分が試合時間だとイメージしていた人から見ると短いと感じるだろう。

Ｊリーグのポゼッション率の定義は、ＡＰＴ内のボール保持〝時間〟だ。２０１９年のＪ１・Ｊ２のＡＰＴの平均は約55分だ。例えば、Ａというチームのポゼッション率が55％だったとすると、データを見た人は、Ａチームが90分の試合の55％を支配していたと思うかもしれないはずだ。しかし、実際にプレーしていた時間はＡＰＴ55分の55％の約30分だ。そこには、ＡＰＴの55分以外の35分、試合時間にして約40％が含まれていない。ここではＡＰＴ以外の時間をアウト・オブ・プレータイム（ＯＯＴ）と表現する。ラインアウトしたボールを取りに行く、リスタートのボールをセットする、ゴール前に最終ラインの選手が上がるのを待つ。この一見何もしていないように見える時間だが、それを合計するとこれほど長いのであれば、試合内容や結果に何らかの影響があるのではないかという仮説を立てた。当たり前だが、アウト・オブ・プレーの最中は味方も相手もプレーしていないので得点、失点という現象は起こり得ない。確かに直接得点も失点も起きないが、その時間は本当に何も起きていないのだろうか、何かできることはないのだろうか。インプレーになった瞬間に優位な状況になってしまうのか、不利な状況になってしまうのか、はアウト・オブ・プレーの時間の過ごし方、意識と具体的なポジショニングがキーなのではないだろうかと考えた。

この35分間を攻守にわたって、APTの準備として思考のインテンシティを高めることができるチームは、90分の試合中、本来ポゼッションしている30分間とアウト・オブ・プレーの35分の合計65分間、90分のうち72％をコントロールできていることになる。

しかし、40％弱、時間にして35分について相手も同様に考えるかもしれない。そこで、アウト・オブ・プレー時の両チームの支配率の算出を試みてみた。

J1の2019年シーズン中のすべてのリスタート（＝ゴールキック、被ゴールキック、セットプレー（CK、FK）、被セットプレー、スローイン、被スローイン）を味方、相手それぞれカウントすると、その数はほぼ50％ずつになっていた。比率としては半々だったが、単にインプレーになってから対応するのではなく、マークの仕方、壁の作り方など意思を持ってコントロールしようとすることで、インプレー直後のプレーに影響が出てくる。

例えば、ゴールキックを考えてみよう。ゴールキックを、ただ自分のゴールから遠ざけるために30m以上蹴った場合の成功率は約50％弱だ。つまり、味方に繋がるか、相手に奪われるかはフィフティフィフティということだ。しかし、フリーの選手に向けた30m以下のゴールキックの成功率はほぼ100％で、そのゴールキックは攻撃を開始するスイッチとなる。ポゼッションが得意なチームにボールを持たせたくないと考えるのであれば、長いゴールキックを蹴らせるために相手のディフェンダーへのマークを厳しくするかもしれない。あるいは、ハイプレスからボールを奪い、ショートカウンターを狙うチームであれば、あえて繋がせるという選択肢を取るかもしれない。予めスカウティングで得た情報を元に、実際の判断は、ゴールキックが蹴られる前のアウト・オブ・プレーの何も起きないと思われているときに行われる。それはゴールキックに限らず、コーナーキック、フリーキック、スローインでも一緒だ。攻守におけるセットプレーへの取り組みは、ボールロストやカウンターを受けるリスクを抑え、ボールゲインやカウンター攻撃のチャンスを高めることが可能なはずだ。心理的、戦術的な面でコントロールでき時間を自分たちのポゼッション時間に加えることで90分間の試合時間で自分たちがコントロール可能な時間が増える。

アウト・オブ・プレーという本来何も起きないはずの時間内支配率を仮想ポゼッション率VPRという評価指標とした。

VPR（Virtual Possession Rate）＝（90－APT）×（ゴールキックコントロール率＋スローインコントロール率＋セットプレーコントロール率）÷（90－APT）

ゴールキックコントロール率＝（GK30m未満＋被GK30m以上）÷総GK×リスタートGK率

スローインコントロール率＝（スローイン成功数＋被スローイン失敗数）÷総スローイン数×リスタートスローイン率

セットプレー（CK＋FK）コントロール率＝（セットプレー成功数＋被セットプレー失敗

数）÷総セットプレー数×リスタートセットプレー率
※全リスタートプレー中のGK（ゴールキック）、セットプレー（FK、CK）、スローインそれぞれのどの程度コントロールできたか、それぞれのプレーの割合を乗じたもの。

VPRは個人の評価に使うことは不向きだが、チームで見たときに得失点は約0・62、勝点は0・58という相関関係が見られた。サッカーが運の影響が大きいという主張についてはこれまでも散々述べてきた。その中で、これまであまり気に留められていなかったアウト・オブ・プレーにある程度の相関関係が見られたというのは新たな発見だ。ここでは、直後のプレーの成功率で見たが、その数プレー先まで見ること、さらにはセットプレーをパターンごとに分けて成功率を見ることによって、その精度は高まってくるはずだ。

勝利の可能性を高めるデータは見つかったのか

サッカーファンはいつでも彼らが愛するチーム、選手、そしてサッカーにロマンを求めている。自分のチームのストライカーのスーパーゴールに歓声を上げ、相手ゴールキーパーのスーパーセーブにため息をつく。

しかし今回、そんな彼らが求めるロマンや運という目に見えないものではなく、勝利に近づくデータを探すという試みをした。それは、サッカーにおいて勝利の可能性を高めるものは運という神様からの贈り物ではなく、体系的なロジックを探すという挑戦だった。手探りの中、野球やバスケットボールといった他競技のデータ分析の取り組みから学び、これまでのサッカーの常識に囚われないように自由な発想を楽しんだ。自由過ぎて、サッカーの教科書では見かけないような考え方もあったと思う。

その一つが、サッカーの局面の分類だ。攻撃、守備、攻撃から守備へのトランジション、守備から攻撃へのトランジションの4つに分けるだけでなく、そこにアウト・オブ・プレーを加え5つの局面とした。そして、それぞれの局面において得点、失点に関わる可能性から、攻撃：GCI（Goal Contribution Index）、守備：CPB（Control Plus Block）、攻撃→守備（ネガティブトランジション）：TFD（Transition For Defense）、守備→攻撃（ポジティブトランジション）：TFA（Transition For Attack）、切り替えの効果：TEI（Transition Effect Index）、アウト・オブ・プレー：VPR（Virtual Possession Rate）という指標を考えた。

野球のようにこうすれば得点できるという決まったパターンがなく、攻守の切り替えが絶え間なくランダムに行われるモダンサッカーにおいて、強い相関係数の指標を探すのは簡単ではなかった。しかし、セイバーメトリクスへの挑戦というテーマである以上、常識を疑いながら、それなりに影響があると思われる指標にたどり着いた。攻撃の評価にパスの成功率を使うことも、守備の評価にボールを保持するプレーを使うことも、APT以外のアウト・オブ・プレータイムの支配率について考える試みも、これまでになかった発想だ。トランジションに関しても「切り替え」の瞬間に目が行きがちだが、攻撃への切り替えであれば、その後得点の可能性が高まらなければいけないし、守備への切り替えであれば、失点の可能性を低く抑えることができたかを評価する必要がある。

本当に重要なことは、何のために？　何を？　どのように？　評価すれば合理的かというロジックを考え、その評価指標を改善することで実際の試合における勝利の確率が高まることだ。

常識を疑いつつ、それなりに合理的な指標を考えるという新しいチャレンジを行ったつもりだが、多くの課題も見つかった。今回使用したのは、Ｊリーグのホームページ、Football Lab、InStat、その他のデータで観察期間は過去5年分だ。5年で十分なのか、Ｊ1だけでサッカー全体の傾向として語ってよいのか、使用したデータの精度がどれくらい高いのか、についての考察も必要だ。また、年間306試合のデータを一律に処理して分析をしたが、ホームとアウェイ、試合会場のコンディション、天候、リーグ終盤での優勝争い、降格争いなど成績に関わるものなどの条件を加味して補正をかける必要はなかったのか、検証の精度を高めるために取り組むべきことは多い。

一方、データ提供側にも課題がある。データを使いたいと思う人がフリーで利用可能なデータが非常に限られている点だ。欧州のサッカー、北米の4大スポーツのデータおよびテクノロジーの進歩には、フリーのオープンソースと、それを利用したがる多くの外部の人たちが大きく貢献している。

それらの課題があったものの〝勝利の可能性を高めるデータ探しの旅〟を何とかスタート

することができた。しかし、その旅の目的地は、何か正解を見つけだすことではない。これまで夢とロマンと経験で語り続けられてきたサッカーに、データという新たなスパイスを加えて語り合う楽しみを加えることだ。そして、データが語る真実に目を向けて取り組んだものが少しでも報われるためだ。

セイバーメトリクス生みの親ビル・ジェイムズは、ふたつの大きな功績をあげたと言われている。ひとつは、野球に関わる人にデータを元に検証可能な公式を提示したこと。そしてもうひとつは、彼が立てた興味深い仮説によって大勢の人の知識を刺激し議論の輪を広げたことだ。

今回の突拍子もない取り組みが、誰かの知識を刺激し、議論のきっかけになってくれることを願っている。

勝利の再現性を高めるためにはどうすればいいのか

サッカーは他の競技と比較して、得点も失点も、その日の試合結果でさえ、運が果たす役割が大きいことがわかってきた。今日の勝利は来週の勝利を約束してくれない。先制点も、勝ち越し点も、その瞬間、相手チームより1点多く得点したことを示すだけで勝利を約束する証明書ではない。勝ち越し点にベンチ総出で喜びに沸いたチームが、試合終了のホイッスルと同時にグラウンドに倒れこむ姿を何度見たことだろう。そんな筋書きのないドラマにファンは一喜一憂する。

しかし、現場は運の要素を認めつつ、運以外の要素、すなわち実力を高める努力を止めるわけにはいかない。

ヤクルトスワローズ、阪神タイガース、東北楽天ゴールデンイーグルスなどで監督として指揮を執り、名将と謳われた野村克也氏は、〝勝ちに不思議の勝ちあり、負けに不思議の負けなし〟という言葉を使ったと言われる。この言葉は肥前国第9代平戸藩主松浦清（静山）の執筆物の一文だと言われている。これという理由なく偶然勝つことはあるが、これという理由なく偶然負けることはない。負けるには負けるだけの何か原因があるということだ。例えば、パスは繋がる、シュートは何本も打てた。しかし0－1で敗戦するチームは不思議な負けと捉えるかもしれない。

「〝たまたま〟クリアボールが味方の背中に当たってしまっただけなのに、あそこからあんなにすごいシュート打たれちゃうなんて運が悪かったよな」

「今日はシュート結構打ったのに全然入らなかった。相手のゴールキーパー当たってたなあ」

不思議を運、不運に結び付けた瞬間、本質が隠れ、改善の機会を失う。ミス、アンラッキーなシーン、ゴールキーパーのスーパープレーの瞬間だけを1枚の写真のように切り取ることで現象を特定することは可能になるが、そこからはなぜその現象が起きてしまったのかという原因は見つからない。その原因を見つける作業が重要だ。〝たまたま〟失点には結びつかなかったが危険なシーンはなかったか？　シュート本数は多かったが、シュートを打つ前のタッチ数は？　エリアは？　タイミングは？

不思議だと思っていたことが実は不思議ではなく、なるべくしてなったことがわかるかもしれない。その他のプレーが良かったのであれば、問題のところを修正できれば、次の試合で同様のミスを減らし、勝利の可能性を高めることが可能になる。

起きた現象の抜き取りではなく、原因を見つけ出して改善するプロセスをルーティン化できれば、不思議の勝ちではなく必然の勝ちが増えるはずだ。

ＰＤＣＡサイクルの実践

ビジネスの現場では、改善するプロセスをルーティン化するために、ＰＤＣＡサイクルという手法を使う。ＰＤＣＡとは計画（Ｐｌａｎ）－実践（Ｄｏ）－確認（Ｃｈｅｃｋ）－対応（Ａｃｔ）の英語の頭文字をとったものだ。欠陥品やミスが見つかったときに、そこの現場担当者やミスを起こした当事者を叱責しても問題の根本的な解決にはならない。その原因は計画段階（Ｐｌａｎ）にあったのか、製造工程、サービスおよびオペレーション工程（Ｄｏ）なのか、一連のプロセスがうまく機能していたのか常に確認（Ｃｈｅｃｋ）しなければならない。検証するためにはエビデンスに基づく分析は必要不可欠だ。その分析結果次第では、部分的に、あるいは、全面的に計画を修正する（Ａｃｔ）必要が出てくることもある。

サッカーやその他のスポーツにおいても、ＰＤＣＡの手法が役立つはずだ［図20］。むしろ

［図20　PDCAサイクルの良い例と悪い例］

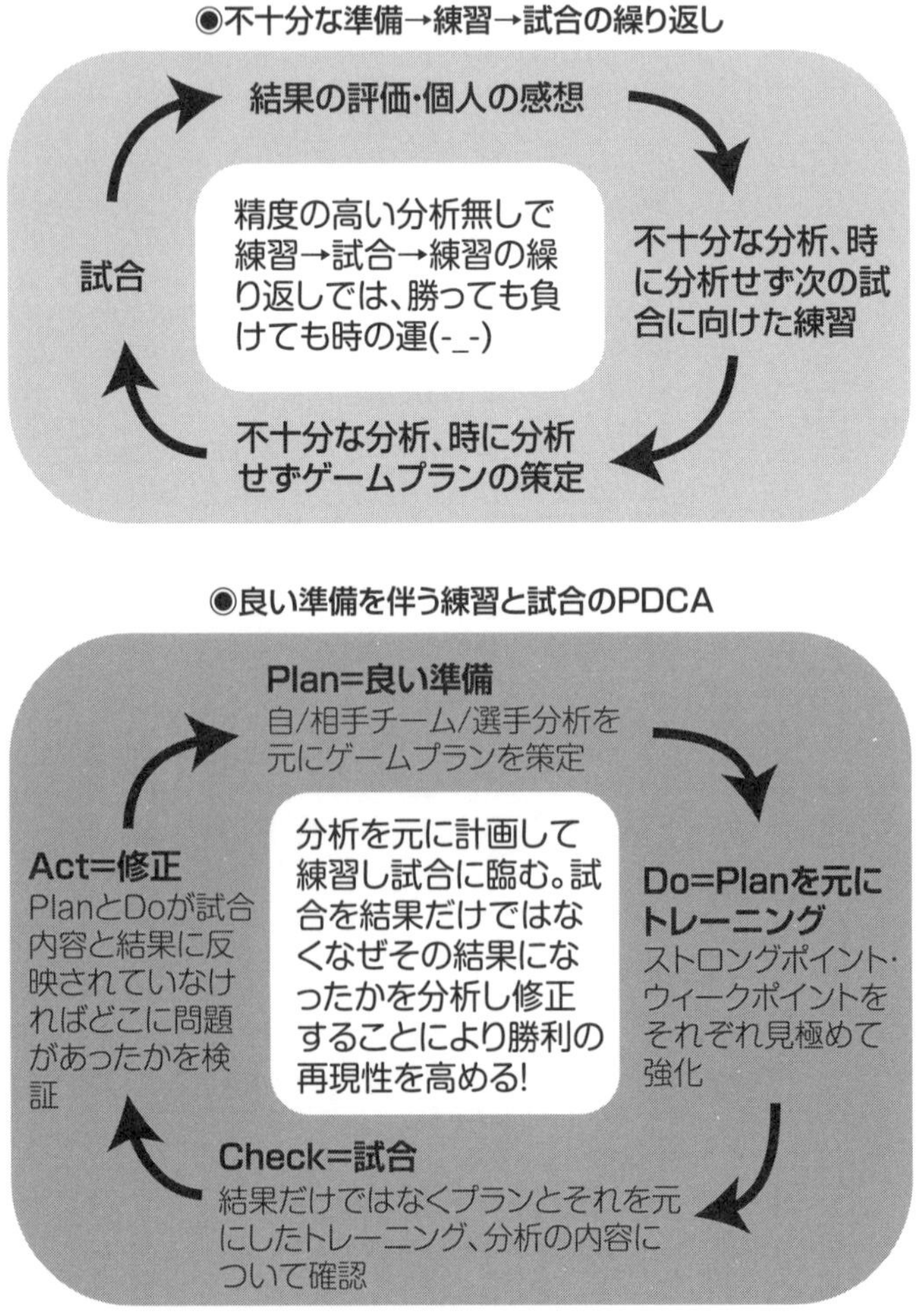
◉不十分な準備→練習→試合の繰り返し
結果の評価・個人の感想
不十分な分析、時に分析せず次の試合に向けた練習
不十分な分析、時に分析せずゲームプランの策定
試合
精度の高い分析無しで練習→試合→練習の繰り返しでは、勝っても負けても時の運(-_-)
◉良い準備を伴う練習と試合のPDCA
Plan=良い準備
自/相手チーム/選手分析を元にゲームプランを策定
Do=Planを元にトレーニング
ストロングポイント・ウィークポイントをそれぞれ見極めて強化
Check=試合
結果だけではなくプランとそれを元にしたトレーニング、分析の内容について確認
Act=修正
PlanとDoが試合内容と結果に反映されていなければどこに問題があったかを検証
分析を元に計画して練習し試合に臨む。試合を結果だけではなくなぜその結果になったかを分析し修正することにより勝利の再現性を高める!

この手法を使わなければどうなるのだろう？

試合を結果だけから評価してしまい、分析ではなく個人の思い込み、負けた悔しさ、勝った喜びという感情面が先に立ってしまうことはありがちだ。しかし、それだけで終えてしまったら、次の試合に向けた修正点も、強化ポイントも明確にはならない。その状況で試合を行ったとしても結果は、不思議な勝ちか当然の負けになるだろう。

指導者の経験に基づいた属人的な手法だけでチームを継続的に成長させるのは困難だ。チームとして成長し続けるためにはＰＤＣＡの考え方が有効だ。


ＰＤＣＡサイクルとは、元々製品の品質を向上させるための統計的管理手法だ。サッカーの試合の質を高めるというのはどういうことだろう？　それは対戦するチームがそれぞれ勝利の可能性を高めるためのプレーを行うことだろう。ミスも少なく、お互いのチームの特徴を生かした戦術的な試合は、観る方もプレーする選手も満足度は高く〝質の高い試合〟となる。


しかし、勝利の可能性を高めるために〝質の高い試合〟を行っても、対戦する2チームが同時に勝利することはあり得ない。球技スポーツの勝敗結果は片方のチームが満足すればもう一方は残念に思う仕組みになっているからだ。

大事なことは、その日の結果に反映されなかったとしても中長期で見たときに、勝利の可能性を高めるための方法が機能していたかどうか、つまり、質の高い試合ができていたかど

[図21　試合の質と試合結果の関係]

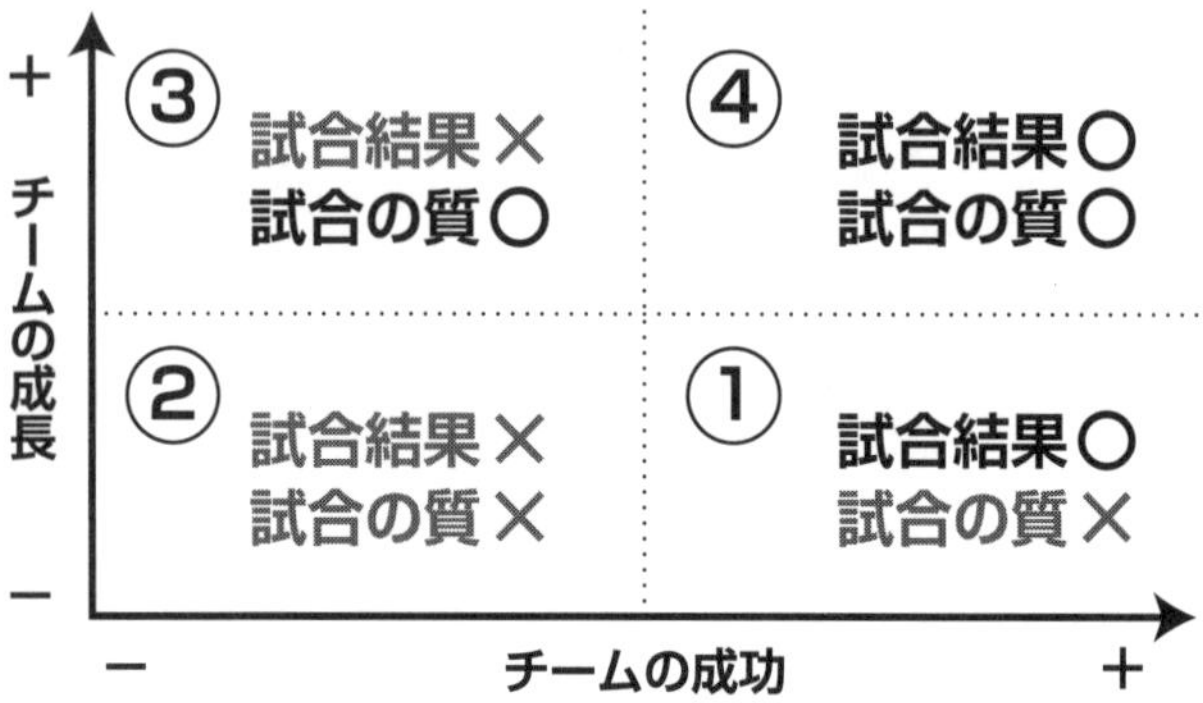

うかだ。

試合の質と試合結果の関係を整理すると4通りのパターンがある[図21]。それぞれのパターンにおいて一喜一憂せず冷静に分析することが大事だ。それぞれのパターンを見てみよう。

①．試合の質は高くなかったが、勝利した、いわゆる〝不思議の勝ち〟に対しては、結果を喜びつつ、客観的に試合内容を分析し、改善すべき点があれば改善し、質を高める努力を行う必要がある。

②．一番避けたいのが、試合の質が悪く、敗戦してしまうようなケースだ。しかし、ここでも注意が必要だ。結果と内容どちらも悪かったことに過剰反応してしまい、冷静さを失い何もかも見直

すという事態は避けたほうがいい。内容が悪かったのは、ゲームプラン自体の問題なのか、ゲームプランは良かったがそれを実践できなかったのか、その要因を分析し、対応する必要がある。

③．試合には負けてしまったが、当事者が十分内容が良かったと感じた試合はむしろ慎重な対応を行うことが大事だ。〝不思議な負け無し〟、つまり、負けた以上何らかの原因は必ず存在するという謙虚な姿勢で内容を客観的に分析し、結果を求めていくことが重要だ。

④．もっとも望ましいのは、質の高い試合の結果勝利できたときだ。しかし、あえて注意喚起しておきたい。サッカーの勝敗に対する運の関与度を知っていたら、この4分の1の幸運な状況を手放しで喜んでいられない。勝つことができたのは、プランそのものが良かったのか、相手チームとの相性、コンディショニングなどが良かったのか、本当に質の高い試合を継続して行うためになぜうまくできたのか、その原因を探ることも重要だ。

4ついずれのケースにおいても試合結果そのものをコントロールするのは難しい。できることは試合内容を客観的に分析し、課題を明確にし、改善することによって継続的に試合の質を高めていくことだけだ。それでも、どうしても結果に結びつかなければプランを見直す必要がある。サッカーチームのプランとは、チームが勝つ可能性を高めるための方法や手順を考えることに他ならない。自分のチームの戦力と相手チームの戦力を分析し、どのようなスタイルで戦うのか、そのスタイルの良い面を実現するためにどのような戦術を採用するのか、その戦術に適応するメンバーは誰か、それらを実践するための手順を考え企てることだ。

プランが決まればあとはスタイル、戦術を浸透させ、パフォーマンスを上げていくためのトレーニングを行うことになる。トレーニングを通して、スキル、体力、コンディションの状態と変化を測定しながらデータを蓄積していく。これがDo（実践）に当たる部分だ。そして試合は、自分たちが計画し準備してきたことが反映できていたかどうかを確認（Check）する場だ。そして、試合結果だけでなく試合の内容をデータというエビデンスを元に分析する。分析の結果、課題が見えてきたら、それは選手個人への指導で解決するのか、チーム戦術の見直しやスタイルの変更など計画にまで及ぶのか判断し、対応（Act）しなければならない。

その一連のプロセスをルーティン化してシーズンを通して行うことで勝利の再現性が高まっていくはずだ。

第5章

コロナ禍におけるスポーツの未来

チームの本当の強さを確かめるには、
逆境で自分たちを試すほかない。
それに打ち勝てば、その強さが
本当であると誰もが認めるだろう。

――ジョゼップ・グアルディオラ（スペイン人指導者）

この本ではこれまでサッカーを中心にスポーツをより深く理解するために歴史から振り返り、スポーツとテクノロジー、データとの相性について考察を行ってきた。

そして前章では、スポーツにおける勝利の可能性、勝利という誰もが望む結果の再現性を高めるためにデータが導く可能性について考えてきた。

しかし、これまでの話は日常にスポーツが当たり前に存在していることが大前提の話だ。

ところが、ここまで試行錯誤を繰り返しながら発展してきたスポーツビジネス自体が大きな危機に瀕している。

本来2020年は、日本にとってスポーツへの意識がいっそう高まる年になるはずだった。スポーツの祭典オリンピック・パラリンピックが開催され、日本経済を大きくけん引すべき年になるはずだった。しかし、新型コロナウイルス感染症によるパンデミックが原因でスポーツどころかほとんどすべての経済活動が一時的に止まり、そして今なお先行き不透明な状況が続いている。
２０２０年4月7日に発令された緊急事態宣言は、発令7週間後の5月25日にようやく全面解除されることになった。解除宣言に伴い、眠っていた街も少しずつ目覚め、そこで暮らす人々も徐々に動き始めた。みんなが、何とかわずか数か月前当たり前だった日常に戻そうと努力した。

努力の結果なのか、うがい、手洗いといった我々日本人の生活習慣なのか、三密を避ける、常にマスクを着用するという感染症予防のためにやるべきことを当たり前に行う真面目な国民性のおかげなのか、あるいはＢＣＧ接種に代表されるファクターＸと呼ばれる何か別の理由があったのだろうか。

いずれにせよ7月後半から8月中頃、11月以降に感染者数の増加を示すいくつかのなだらかな山はあったが、少しずつ経済が回り始めたように見えた。ヨーロッパ、アメリカでは相変わらず感染者数は増加の一途を辿り、ロンドンのように深刻な状況の都市があるにも関わらず日本では、Ｇｏ Ｔｏ トラベル、Ｇｏ Ｔｏ イートと政府の鳴り物入りの経済再興のための政策で観光地にも繁華街にも人が戻ってきた。

Ｊリーグもプロ野球も順調に日程をこなしシーズンオフを迎えた。しかし、12月の声を聞くと増加のペースが一気に上がり、大晦日に東京の感染者数が初めて１０００人を超え１３３７人という一報が流れると一気に緊張感が走った。年を越しても増加のペースは収まらない。

そして２０２１年1月7日、初めて感染者数が２０００人を超えた日、首都圏1都3県に緊急事態宣言が再び発出された。

我々はなぜこれほどまでに、この新型コロナウイルスを怖れているのだろうか？

感染症の世界的な大流行を表すパンデミックは、世紀毎に数回起きているとされている。もっとも多くの死者を出したとされるのが１９１８年のスペイン風邪で、約15か月間続き４０００万人以上の命が失われたとされている。その後１９５７年のアジア風邪（推定２００万人以上の死亡者）、１９６８年の香港風邪（推定１００万人以上の死亡者）、２００９年の豚インフルエンザ（約２８４５００人の死亡者）が確認されている。最近のパンデミックは衛生および医療環境の良くないアジア地域の出来事で、情報が現在のようにリアルタイムで伝わることもなかったため、どこか遠い世界の出来事のように捉えていた。しかし、今回は、ダイヤモンド・プリンセス号に始まり、イタリア北部、米国ニューヨークの爆発的な感染状況と死亡者数の増加に始まり、今なお続く感染拡大を連日目の当たりにすることとなった。

当初、ワクチンも治療薬もない状況で、ヨーロッパ、アメリカの指数関数的な感染者数の増加、医療現場の重篤患者用施設のキャパシティの限界、日本においては国民的人気タレントの感染による死亡、連日連夜、危機感を煽る報道は、国民に底知れぬ不安を与えた。

それから一年を経ても、未だ全容がわからず、新たな変異株も発生してきた。ようやくワクチンの実用化の目途が立ってきたが、実際の効果は未知数だ。この新型コロナウイルスの感染拡大という世界的パンデミックに直面するまでは、我々が知らないことも、できないこともどんどん減ってきて、解決できない問題などほとんどないと高をくくっていた。

しかし、人類の全知全能をかけても今すぐにはどうにもできないほどの問題が我々の前に立ちはだかっている。経験したことのない困難な問題への対処の難しさ、現時点での限界を知ってしまったことが、この新型コロナウイルス感染症を必要以上に怖れている理由だ。

スポーツの未来で何が起きているのか

オリンピックイヤー2020年のJリーグは2月21日、湘南ベルマーレ対浦和レッズの試合で開幕した。2月23日にはJ2も一斉に開幕した。しかし、この開幕戦直後、新型コロナウイルス感染症専門家会議の見解をもとに、約2週間の開催延期が発表した。3月20日開幕予定だったプロ野球公式戦の開幕延期が発表された。そしてついに、3月9日には、3月24日には今年最大のスポーツイベントとなるはずだった東京オリンピック・パラリンピックの開幕延期が決まった。

こうした一連の動きは、日本のスポーツ界のみならず、世界中の国々でも起きた。プレミアリーグ、ブンデスリーガ、ラ・リーガ、セリエA、リーグアン、MLB、NBA、ゴルフやテニスの4大大会など。この時期、世界中のスポーツが止まった。

それから約3か月後、治療薬ができたわけではない。ワクチンが完成したわけでもない。感染者の数は相変わらず増え続けていた。何がきっかけかはわからないが、日々の感染者数を告げるニュースが減りはじめ、何となしに日常が動きはじめた頃に、恐る恐るスポーツも

[図22　2019年と2020年のＪリーグ平均入場者数]

	J1	J2	J3
2019年平均観客数	20,751	7,176	2,394
2020年平均観客数	4,397	2,300	971
2019年に対する割合	21.2%	32.1%	40.6%
5,000人に対する収容率	87.9%	46.0%	19.4%

(注:2020年の平均入場者数は9月22日までの数字。2020年の平均は開幕戦を含む)

戻ってきた。

6月19日、約3か月遅れでプロ野球2020シーズンが開幕した。そしてサッカーも6月27日からＪ2が、7月4日からＪ1が再開し、開幕延期となっていたＪ3も6月27日に開幕した。再開直後の試合こそ無観客で始まったが、7月10日からは入場者5000人以内か収容人数の50%以内いずれかのうち少ない条件が適用され、8月1日以降は収容人数の半数を上限として入場可能となった。

開幕して約2か月が過ぎた8月20日東京ドームの読売ジャイアンツ対阪神タイガースの試合を観戦した。伝統の一戦とはいえ、入場制限のせいか球場最寄り駅の水道橋駅周辺は人通りも少なかった。ドームに入ると検温とアルコール消毒を行う。人影まばらなコンコースを通り抜けて観客席にたどり着く。良いプレーに対して、観客席からは時折拍手が聞こえる。

仕事の関係でJリーグの試合に行く機会は多い。そこでもほぼ同様の風景だった。入場規制が緩和された後であっても入場者数5000人を超えた試合を観る機会はなかった。

2020年9月22日までのJ1の平均入場者数は4397人、J2は2300人で、前年度と比較するとJ1は21%、J2は32%程度の入場者数だ［図22］。2019シーズンの実績、近年の盛り上がりから5000人は埋まると思いきや、平均5000人には届いていない。2020年9月22日の時点で、もっとも平均入場者数が多いのは横浜F・マリノスの5378人だ。昨シーズン優勝の余韻と今季への期待からガンバ大阪との開幕戦に34521人の入場者が訪れたことで平均観客数が押し上げられた。J1で平均5000人を超えている6チーム中5チームが開幕戦をホームで迎えていることから開幕戦の人数が平均入場者数に大きく寄与していることは間違いない。しかし、J2では平均入場者数5000人を超えるチームはおろか平均入場者数4000人を超えているのは新潟の4237人だけだ。J3になるとさらに厳しい数字が並ぶ。平均入場者数2000人以上のチームは何とゼロだった。最も平均入場者数が少なかったのは岩手の608人で、平均入場者数が100人台のチームが11チームもあった。

対前年比でいうとJ1はマイナス79%、J2はマイナス68%、J3はマイナス60%という大幅な観客数の減少があり、これは入場料収入と物販、飲食の販売に大きな影響をもたらす。収入へのマイナスのインパクトに加え、費用にも多大な負担がのしかかる。感染予防対策のために追加の費用がかかるからだ。マッチ収入へのインパクトは入場者数が多い上位カテゴリーほど大きな影響を受ける。試合数も多く、平均入場者数の多いプロ野球ではなおさら試合当日の収支への影響は大きい。

手をこまねいて状況を静観しているわけにはいかない。プロスポーツの灯を消さないためにある試みが行われた。10月30日から3日間、横浜スタジアムで大規模イベントの入場制限の緩和に向け、横浜市、横浜ＤｅＮＡベイスターズ、横浜スタジアム、ＬＩＮＥ、日本電気、ＫＤＤＩ、ＤｅＮＡなどの企業が新技術を用いて感染防止対策の効果を測る実証実験を行った。現状1万人を超えるイベントでは、入場者数が最大収容人数の50％以内と決められているが、横浜スタジアムにおけるプロ野球の試合では上限を初日は80％まで、2日目は90％、3日目は１００％にまで設定した。実験を行うためには観客の来場が必要なので、チケットを最大35％割り引く施策をとった。

それでも初日は51％、翌日土曜日は76％止まりだったが、3日目の日曜日は90％にまで増加した。Ｊリーグでも再開当初なかなか５０００人の壁を突破できなかったが、11月3日祝日にヤンマースタジアム長居で行われたセレッソ大阪対ガンバ大阪の大阪ダービーの観客数は１９５５３人、日産スタジアムで行われた横浜Ｆ・マリノス対鹿島アントラーズという好カードの試合の入場者数は２０５１５人と一見、いつもの日常に戻ったかという錯覚を覚える。しかし、同じ日に行われたＪ１残り5試合の平均入場者数は６６８５人、Ｊ３の7試合の平均入場者数は１０３８人だった。これがもう一つの現実だ。

ネガティブな予測

スポーツビジネスの収益の柱の一つは、試合開催日の入場料を中心としたマッチデー収入だ。満員のスタジアムはチームの人気のバロメーターだ。競技およびチームへの人気がスポンサー収入や高額の放映権に結びつく。そのマッチデー収入はサッカーで言えば、クラブの総収入のうち約20％から30％、野球では球団の総収入のうち40％から50％近くにのぼる。非常に大事な収入源だが、今季Ｊ１ではこれまで昨年比約２割程度の入場者数しかいない。11月３日の観客数で見ても、昨年比50％減まで落ち込んでしまっている。シーズン後半かなり持ち直しても終了時点では前年比30％から40％程度がやっとだろう。つまり、本来全体収入の約30％を占めているマッチデー収入が今季は10％程度になってしまうということだ。Ｊ１各クラブの平均収入は約52億円なので、本来見込んでいた15億円（52億×30％）が５億円の収入になってしまう。約10億円が減少するということは、クラブにとっては相当な痛手のはずだ。しかも、この額はマッチデー収入率が高いほど、つまり人気があり、スタジアムに熱心に訪れるサポーターの数が多いほどマイナスの影響を受けることになる。しかし、クラブとしてはこのような厳しい状況を手をこまねいて見ているわけにはいかない。

すでにクラブ独自で様々な試みが始まっている。スタジアムに行くことはまだはばかられると感じているサポーターに対して、これまで目にすることがなかったコンテンツの提供を開始したクラブが複数ある。YouTubeなどを通して普段聞けない選手同士のぶっちゃけトーク、ステイホーム期間の選手のプライベート映像やオンライントレーニング、過去の試合映像などをクラブのOB選手と一緒に見る企画などが行われた。資金的に苦しいクラブはクラウドファンディングや、少しでも収入の足しにしようと投げ銭、ギフティングと呼ばれるサービスを行った。クラウドファンディングはある一定の成果を収めたクラブもあるようだが、何かの対価というよりは非常時にお願いするような性質のものなので繰り返し行うようなものではない。ギフティングに関しては物珍しさで今後の新しいサービス形態として一時話題になったが、大きな成果を得たという話はあまり耳にしていない。しかし、この状況だからこそなりふり構わずチャレンジしたという意味で十分やる価値はあったと思う。実際、知恵を大いに絞ったクラブに対して、ロイヤリティの高いファンはそれなりに反応し、クラブをサポートする行動を起こしたようだ。

しかし、スポーツビジネスの足元そのものが揺らぎつつある現状の抜本的な解決策として、この手のサービスだけでは少し難しいように感じる。

リーグ戦再開後スタジアムへの足が遠のいてしまったことは前述の通りだが、スタジアムに行かない分、メディアを通してお気に入りのスポーツ、チーム、選手の情報を手にするための活動は活発になったのだろうか？　今では、オンラインメディアに関してはかなり詳細にユーザーに関するデータが手に入る。自分で企画、運営しているオンラインサッカー専門媒体がどれくらい読まれたかについてデータを確認すると、ページビュー数の月間平均はピーク時と比較すると半数くらいになってしまっていた。3月、4月、5月とコロナの緊張感が高まっていたときは、試合は行われていなくても今後のサッカーを危惧してか、それなりに読まれていたため、ある程度のページビュー数はあった。

この時期、主に欧州リーグのコロナ禍における開催方針、チームや選手の感染情報、活動状況などの記事が読まれていた。やがてシーズンが再開し、純粋にサッカーを心待ちにしていたファン、スタジアムに行くことは叶わないが、サッカーの情報に飢えたファンたちがサイトに戻って来てくれるのだろうと思っていた。もちろん戻ってきた。しかし、その数は期待をはるかに下回るものだった。感染を恐れてスタジアムに行くことがはばかられるというのは理解できる。そうであれば、いけない分メディアを通して少しでもお気に入りのチーム状態を知りたい、遠くからでも情報に触れたいと感じるファンが多いと思っていたが、実際には、それほど多くのファンは戻ってこなかった。スタジアムだけではなく、サッカーそのものと距離を置いてしまったかの如く。スタジアムでレプリカユニフォームを身にまとい、自分のお気に入りのチームや選手たちを声の限りに応援する週末の楽しみ、試合結果に関わらず試合内容の評価の記事を読み漁り、他チームの勝敗結果に目を光らせ、お気に入りのチームの順位の変動に一喜一憂する。SNSでスタジアムの雰囲気やグルメ情報、仲間と一緒に撮った写真をアップする。そんなスポーツを中心としたライフスタイルの魔法が解けてしまったかのようだ。

スポーツビジネスでもっとも重要だと教わるスタジアム来場者数を増加させるというベー

スの部分が崩れかけているように感じた、このような状況は、コロナ禍がきっかけで、感染を怖れた一時的なものであればまた戻るはずだ。しかし、これがファンの行動様式そのものの変容を招いてしまったのだとしたら、かなり深刻だ。どっちの方向に向かっているのか、今起こっている問題の本質を考えることなく、単に現状のコロナ禍が原因で観客数が減少してしまったと思い込み、それならスタジアムやアリーナに来場者を戻すのではなくOTT（Over The Top）の視聴者数を増やす方向に舵を切るという話も聞く。しかし、問題の本質が新型コロナウイルスの感染リスクそのものではなく、それをきっかけにしたファンの行動変容だとすれば、その方向性は必ずしも正しいとは言えない。だとすれば、スポーツはどこに向かえばいいのだろう。

DoスポーツとSeeスポーツの観点から見るポジティブな未来

自分自身、4月7日の緊急事態宣言を受け、不要不急の外出を避け、ほぼ家で過ごした。当時SNSで腕立て伏せを披露して一言コメントして次の人を指名するというプッシュアップチャレンジというのが流行っていた。いずれ回ってくるだろうと思い、1日200回の腕立て伏せを日課にした。ゴールデンウィーク明けから、早朝あるいは深夜に人に会うのを避けながら、ジョギングを始めた。そんな時間でも走っている人の数は意外と多く、みんな考えることは同じなんだなあと思いながら走っていた。世の中が少しずつ動きだすのに合わせるように、走る時間も太陽の高い時間帯に移っていった。週末の日中は、老若男女を問わず、かなり多くの人たちのジョギングやウォーキングをしている姿が目立つようになった。それまでの長かった〝おうち時間〟からくる運動不足の解消と健康への意識の高まり、先の見えない戦いと不安からくるストレスの解消のために始めたのだろう。公園に足を運ぶと、親子、あるいは、友達同士でボールを蹴ったりキャッチボールをしたりしている姿も多く目にした。ここには間違いなくスポーツが存在していた。

一方、テレビやネットで目にしたプロスポーツの状況は少し異なっていた。本来、スポーツ観戦の醍醐味は、スタジアムでお気に入りのチーム、選手を仲間と一緒に応援することであり、そんなスタジアム自体の雰囲気を楽しむことだ。リバプール、ドルトムント、セルティック、FC東京などのチームのホームスタジアムで流れる〝You'll never walk alone〟に代表されるアンセム、選手ごとのチャント、サポーター同士がときには選手も含めて一体感を感じる瞬間だ。

しかし、今スタジアムは入場制限され、声での応援が禁止されている。かつての賑やかさには程遠く一体感を感じるまでには少し時間がかかりそうだ。

プロ野球の開幕から約2か月が過ぎた8月中旬、真夏の夜の湿気はまとわりつくようで少し不快だった。しかし、一歩東京ドームに入るとその中は快適で別世界だ。しかし、歓声も太鼓の音もラッパが鳴り響く音も聞こえず、代わりに球音と選手たちの声がはっきりと聞こえた。良いプレーが起こると観客席からは太鼓やラッパの代わりに、拍手が鳴り響く。やや隙間の空いた隣の席からは今起きたナイスプレーについて語り合う声が聞こえた。

平日の亀岡の「サンガスタジアム by KYOCERA」でも同じような体験をした。秋が深まり始めた9月後半の夜はすでに肌寒い。しかし、スタジアムに入ればナイターの照明が緑のピッチを眩いばかりに照らしている。その美しさにしばし寒さを忘れる。観客席の間の微妙な距離は野球の球場と一緒だ。亀岡のスタジアムはピッチと観客席が近くボールを蹴る音がやたらとよく聞こえる。選手たちは試合中ずっと声をかけ合っている。時折レフェリーの笛でプレーが止まると選手たちの不満げな声もよく聞こえてしまう。以前なら選手たちのプレーのみに目が行っていたのが、選手たちの声を通した生のやり取り、球音、いや蹴音とでもいうのか音を通したリアルな体験ができた。


スポーツビジネスは、スポーツクラブやスクール、ジム、部活など自分でプレーを楽しむDo(する)スポーツと、プロスポーツ、学生スポーツなどの観戦を楽しむSee(観る)スポーツに分けることができる。スポーツクラブなど人が集まるエリアでのDoスポーツはまだ制限があるものの、施設に頼らず外で、あるいは、家で体を動かす人の数は明らかに増えたように感じる。

学生スポーツも徹底した感染対策を行い、部活、リーグ戦などが行われている。もちろん、感染者が出れば試合が延期になってしまうが、それでもかなり戻り始めている。季節が巡るごとに当たり前に開催されていた学生スポーツのリーグ戦がいざできなくなると、それにほぼすべてを懸けてきた学生にとってはかなり深刻な問題だ。そんな学生の気持ちを理解した大学や連盟の関係者、そして学生たち自身の努力と情熱で多くの競技が何とか開催に漕ぎつけることができたようだ。

Ｄｏスポーツは学校の施設や公園、民間のスポーツクラブなどで行われることがほとんどで、主に自分の判断を元に行われる。コロナ禍の現状において、新たなＤｏスポーツプレーヤーが生まれたり、この機会に健康への意識が高まり、再び走り始めたり、体を動かしたりする人たちが増えてきたことは一つのポジティブな変化だ。一方、Ｓｅｅスポーツに目を向けると、その多くが自治体の所有する施設で行われる。したがって、公共性の観点から利用に関して様々な制約がかかることはやむを得ない。しかし、満員のスタジアムで声を出し一体感を楽しむのではなく、本当にその競技が好きなファンが限られた条件の元であっても、純粋に競技を見に行く、そんな楽しみ方を望む根強いファンも一定数いることが認識できた。このようにスポーツに対する需要のベースの状況がわかった以上、スポーツの発展を止めないための対策は打てるはずだ。もしかしたら今までのスポーツの在り方、スポーツビジネスのやり方を大きく変える必要があるかもしれない。しかし、変化させることさえ怖れなければ、現在視界不良に陥っているスポーツの未来が少しずつだが見えてくるはずだ。

スポーツ先進国との違い

海外でのスポーツはどのような状況なのだろうか？　今回の新型コロナウイルスの感染は、中国武漢に始まり、当初アメリカとヨーロッパで深刻な状況に陥った。その時期にシーズン終盤を迎えていた欧州の主要サッカーリーグの中断の決断は素早かった。

また、同時に再開の決断も早かった。まだ感染の収束が見えない中でブンデスリーガは5月中旬に再開した。ドイツの国営放送のアンケートでは60％前後の人は再開に反対だという結果だった。ベルリンに駐在する知人にドイツの人は再開についてどのように感じているのか聞いてもらった。新型コロナウイルスの感染拡大への懸念から再開は時期尚早という声が大半とのことだった。一方、一日でも早くサッカーを見たいという気持ちも強いようで、ドイツの人たちのフットボールへの強い思いには驚いていた。彼の話を反映するかのようにブンデスリーガ再開時の国内視聴者数は通常の倍、放送局スカイのその週の延べ視聴者数は600万人だった。リーグ再開に向けてチームの準備期間が十分ではなかったため、けが人が相次いだという報道を耳にしたが、チーム状況はさておき、多くのファンがサッカーを心待ちにしていたことだけは間違いないようだ。

再開後のプレーに関する面白いデータがある。中断前の平均と中断後の比較データだ。

得点	3・25点↓3点
シュート数	26・8本↓24・3本
デュエル（1対1）	210回↓207回
警告数	3・7枚↓4枚
APT(Actual Playing Time)	57分↓59分
総走行距離	116km↓116km
スプリント数	220回↓220回

走行距離やスプリント数を見る限り、フィジカルデータは中断の前後で差はない。しかし、若干試合勘が鈍っているのか、得点やシュートのスタッツは落ちていた。しかし、その後バイエルン・ミュンヘンとライプツィヒといったブンデスリーガの２チームがチャンピオンズリーグベスト４に進出し、最終的にはバイエルン・ミュンヘンが優勝した結果を見る限り、得点やシュート数の減少は一時的なものだったのだろう。チャンピオンズリーグ優勝という結果にドイツ中のサッカーファンが大いに盛り上がったことは間違いない。

一方、日本のＳｅｅスポーツの状況はかなり心配だ。それは、観戦者の入場の上限を低めに抑えながら恐る恐る始まったＪリーグ、プロ野球、その他のＳｅｅスポーツにおいて、その上限すらなかなか埋まらない状況や、この夏開催予定だった東京オリンピック・パラリンピックの翌年の再開催是非に関する各種調査結果からもそう感じる。電話調査及びスマホアプリユーザー2000人強対象の調査では、約7割が中止、再延期と回答し、予定通り開催を求める声は14%だけだった。大会関係者やアスリートたちが、自分たちの頑張りでこのコロナ禍で大変な思いをしている人たちを勇気づける、コロナに打ち勝った証の大会にしたいという声を上げても今一つ反応が薄いどころか、「それどころじゃない」という反応が大半だ。

ブンデスリーガ再開後のドイツで実際に起こったこと、それと比較したJリーグの現状、いや日本のスポーツに対する意識には大きな差を感じてしまう。一体この差は何なのだろう？一言で言うと、そこで暮らす人にとっての〝スポーツの大切さ〟の違いではないだろうか。よく欧米の人々にとってスポーツは文化だと言われる。それはスポーツが幼いころから常に自分たちの手に届くところに存在し、健康、楽しみ、コミュニティといった生活必需品として存在し続けているからなのだろう。

残念ながら日本ではスポーツを観に行くことは一部の熱心なファンにとっての生活必需品かもしれないが、多くの人にとっては必ずしもそうではなかったことが露呈してしまったように感じる。「あれば良いが、なくても困らない」という存在なのだろうか。このことは否が応にもスポーツそのものを、そして、スポーツビジネスの在り方についても考えるきっかけとなった。これまでは、世界で成功しているスポーツのビジネスモデル、より良い立地の素晴らしいスタジアム、アリーナの建設、そして、そこへの集客こそがスポーツビジネスの一丁目一番地として学んできた。スタジアムという箱でのエンターテインメント、顧客とのより長期に渡る、より深い関係性構築のためのCRM（Customer Relationship Management）、チケットやその他のグッズ、飲食の購入、視聴体験の向上のためのデジタル化と様々なビジネスの手法を駆使して成長してきた。しかし、本当の一丁目一番地は、ビジネス以前に我々が正しくスポーツを理解し、より多くの人のライフスタイルに定着させ、様々な楽しみ方を提示することだったのだ。その結果、スポーツが文化として根付き、今回のように人々の生活に暗い影を落とすような事態が起きたときに、人々の支えとしての存在になっていくのだと思う。

スポーツの本質を理解せず、スポーツの名を借り、軍隊を思い起こさせるような指導や体罰がまかり通ってきたこれまでの日本。そうした現状に加え、スポーツイベントをその場限りの一時的なブームとして煽り、あっという間に冷めていくという悲しい事実の繰り返しこそが、今なおスポーツが生活必需品としての優先順位がなかなか高まらない理由なのだと思う。

スポーツビジネス再定義

2020年、この100年間で人類が経験したことがない未曾有の出来事が起き、スポーツ界も大きな打撃を受けた。野球もサッカーも、その他のスポーツも表向き行われているが、このままで大丈夫なのだろうか。唯一わかっているのは、コロナの動向次第だが、それがどうなるのかについて誰一人、答えを知らないということだ。そのような状況下で、コロナ前の世界に戻ることを想定し、その日を待ちながら感染症対策に励むのか、あるいは、コロナ前の状態に戻る可能性を考慮に入れつつ、今までとは異なるやり方を模索すべきか考える必要がある。いずれにしてもスポーツに対するプレゼンスが異なる欧米のスポーツのビジネスモデルの表面をなぞるのではなく、日本におけるスポーツの地位、そして改めてスポーツの本質を見つめ直すことを避けて通ることはできない。本気で現状を見つめ直すと、日本におけるスポーツビジネスは再定義せざるを得ないと気付くはずだ。

そもそもスポーツとは運動＋遊び（ゲーム）だ。遊びは楽しくなければ遊びではない。遊びは人から強制されるものではない。自ら行うから楽しいのだ。楽しみ方は、プレー自身を楽しむこと、自分の健康に役立てること、あるいは、他人との競争で勝利を目指す、自身との戦いに勝つことなど様々だ。その楽しみのために、努力し、工夫し、ときには仲間との共同作業を行う。それ自体も楽しみの一つだ。本来そうあるべきスポーツと我々日本人との出会いは、多くの場合学校だ。しかし、学校で行われているのは厳密にはスポーツではなく体育の授業だ。中学校の学習指導要領にある保健体育では、その授業の目標として「心と体を一体としてとらえ、適切な運動の経験と健康・安全についての理解を通して、生涯にわたって運動に親しむ資質や能力の基礎を育てるとともに健康の保持増進と体力の向上を図り、楽しく明るい生活を営む態度を育てる」とある。

心と体については触れられているが、スポーツとして大事な要素の〝知〟の部分と〝楽しみ〟については触れられていない。具体的な授業の内容の部分でようやく〝楽しみ〟について体を動かす楽しさ、技ができる楽しさ、記録の向上や競争の楽しさ、感情を込めてみんなで踊る楽しさなどが触れられていた。そこには、楽しむために何をすべきかが陸上、水泳、武道、球技、器械体操、ダンスなどでそれぞれ書かれている。しかし、楽しいという感じ方は人によって異なる。楽しみ方まで教える必要はない。我々が学校で出会ったのは、スポーツではなく体（からだ）を育む教育＝体育だったのだ。つまり、ほとんどの日本人は本当の意味でスポーツとは出会わず過ごしてきていることになる。

早い時期に学校で、〝スポーツ〟と出会うためには、指導者、教育者はもちろん学校、自治体も含めてスポーツに対して理解する必要がある。スポーツ庁が出来、体育の日がスポーツの日に変わった今、単なる言葉遣いを変えただけではなく、スポーツの中身を正しく伝える時期が来たのだと思う。小さな子どもたちがスポーツを楽しいと感じ、ライフスタイルとして定着するためには、彼らが本当の意味でスポーツに触れてから数十年の時間を要するかもしれない。日本で本当の意味でスポーツが文化として根付くには長い時間がかかることだろう。これまで目をつぶってきたツケを払う時期が来たのかもしれない。

タブーへの挑戦。ファンタシースポーツ

一方、スポーツビジネスを再定義し、再構築するためにかけられる時間はそれほど長くな

い。

2020年シーズンは、コロナ禍の状況に陥る前にある程度スポンサーシップの売上は見込めていて、リーグからの各種分配金も確定していた。したがって、収入の減少分は主にマッチデーによるものに限定されていた。しかし、来期以降もスポンサーがこれまで通り応援してもらえるのか、どの程度観客が戻ってくるのかを予想することは簡単ではない。

今後の新型コロナウイルスの感染拡大の見通し、ワクチンや治療薬の開発普及状況、新たな疫病の流行などの懸念を考えれば、人と人との接触を最小化しながら、これまでと同水準の収益を稼げるビジネスモデルの構築が急務だ。スタジアムにおける売上の最大化を目指すというこれまでのスポーツビジネスの前提を根本から覆すような話だが、やはりこれまで見習ってきた欧米のスポーツビジネスの中にヒントが隠されている。どこにヒントがあるのか、まず日米のスポーツ産業の市場規模を見てみよう。

2016年、日本のスポーツ産業の市場規模は5・5兆円で、東京オリンピック・パラリンピックの開催に向けて、その後もある程度順調に成長していると思われる。

一方、アメリカのスポーツビジネスの市場規模は約50兆円で10倍近い開きがある。この差は、アメリカにおいてはSee、Do、両方のスポーツが生活の一部として根付き、スポーツの価値を見出し、産業化に成功したことによって生まれた差だ。Seeスポーツ市場の中心のプロスポーツリーグ、クラブ、球団の収入に目を向けると、日本の収入約3000億円に対し、アメリカでは3兆円を超えている。ここでも約10倍の差だが、収入の構成要素が異味深い。アメリカの数字には約8000億円の競馬の売上が含まれている。しかし、日本の数字には約3・5兆円という世界最大の売上規模を誇る競馬の収入が含まれていない。つまり、アメリカでは競馬はスポーツだが、日本ではスポーツではないという見解だ。競馬以外のスポーツの収入項目も興味深い。日米欧のプロスポーツの主な売上項目は、入場料収入、グッズ収入、スポンサー収入、そして放映権料だ。項目自体は一緒だが、欧米のスポンサーはそこにスポーツベッティング（賭け）やファンタシースポーツの企業が加わる。

ファンタシースポーツとは、簡単にいうと好きな競技の好きな選手を集めて自分だけの架空のチームを作り、他の人が作った架空のチームと競うゲームだ。勝敗は自分が選んだ選手の活躍をデータで評価し、チーム成績として反映させるのが一般的だ。選んだ選手が活躍すれば選手の価値が上がり、その選手を売って新しい選手を獲得することも可能だ。データで遊ぶというのがキーで、北米では6000万人以上のユーザーが日々の試合結果と同様に、ときにはそれ以上に自分のチームの結果に一喜一憂している。主な収入は、広告および課金によるものだが、その市場規模は競馬の収益に迫る約7500億円にのぼる。アメリカの人気スポーツサイトのランキングを見るとESPNがトップだが次にESPNのファンタシースポーツサイトが名を連ね、Yahoo! fantasy Sportsのページビュー（PV）はYahoo! Sportsを上回る。スポーツサイトを単にニュースを読むために利用するだけではなく、ファンタシースポーツで遊び、商品を得るための情報収集の場として活用しているのだ。日本でも野球、サッカーのサイトに訪れる1ユーザーの平均PV数は3PVから4PVだが、競馬サイトに訪れるユーザーの平均ＰＶ数はその20倍を超える。つまり、単に情報を消費するサイトと賭けに関するサイトではそれだけ大きな違いがあることになる。

ファンタシースポーツはゲーム性以外にもう一つ重要な要素がある。それは、このゲーム自体が競技のマーケティングのために大いに貢献しているという点だ。スポーツマーケティングというと、ある商品やサービスのために、スポーツを活用する、いわゆるMarketing through Sportsという考え方が一般的だ。しかし、競技自体を普及させるためのマーケティング、Marketing of Sportsもスポーツの普及のためにはとても大切なのだが、日本では競技を普及させるためのマーケティング活動はそれほど行われていない。

ファンタシースポーツでは、マイチームを強くし、その結果が良ければ、商品や賞金を受け取れるため選手やチームの情報収集に夢中になる。その結果、自然に競技、チーム、選手についても詳しくなる。ファンタシースポーツを始めたことでこれまでよりライブ中継やメディアを見るようになったというユーザーが60％以上という調査結果もある。現状日本では法律の問題でゲームへの参加料を募った上で結果を商品、賞金に直接反映させることは賭博罪にあたるためできない。日本ではＩＲ推進法、いわゆるカジノ法案の議論でもわかる通り、賭博＝良くないことのイメージが強いため、海外で普及しているインセンティブを伴ったやり方への拒否反応は強いだろう。過去にプロ野球界で起きた黒い霧事件と呼ばれる八百長事件や、スポーツではなく教育の一環の体育として捉えていることもあり、ファンタシースポーツを法律の範囲内であれ、普及させようとしたときに大きな壁になるだろうことは間違いない。海外では競馬が立派なスポーツとして扱われているが、日本では競馬、競輪、競艇、オートレースは特別法に基づいて認められている公営ギャンブル、つまり賭博なので便宜上、スポーツとは別の扱いとなるためスポーツ産業の市場規模に含まれていない。便宜上となってはいるが、スポーツの持つイメージに対して、賭博行為に対する拒否反応も影響していると考えざるを得ない気もする。

本来、競技を行うことと、その競技を賭博に対象にすることとは別の話だ。しかし、日本ではそれを分けて考えることができず、競馬などはスポーツ産業に含められないのだろう。その他スポーツ振興〝くじ〟toto、BIGはJリーグの試合の勝敗予想を行う公営ギャンブルで1000億円弱の売上があるが、対象競技はサッカーに限られている。野球のようにあえて賭けの対象になることを反対している競技や、競技特性が原因でこれまで賭けの対象にならなかった競技もあるため現状サッカー限定となっている。しかし、コロナ禍においてサッカーに限らず多くのスポーツ団体が危機に瀕しているため、スポーツ振興くじの収益の一部を他のスポーツ界の支援に充てることを盛り込んだ改正スポーツ振興投票法が2020年12月2日に、参議院本会議で可決した。

現状を変えるため、救うためにスポーツ振興くじに目が向けられたという意味では大きな一歩だ。しかし、対象競技を増やすだけの取り組みでは不十分だ。本気でスポーツの振興を考えるのであれば、収益そのものを増やす方法と、対象競技の競技団体にもお金が流れる仕組みを考えるべきだろう。スポーツ振興くじの対象競技のさらなる拡大、テクノロジーの進歩を利用した八百長不能で娯楽性も考慮した予想、スマホアプリの中で眠ってるポイントシステムとの連動など、まだまだ手付かずの領域がたくさんある。今やかつて、ゲームばかりやってはいけないと諫められたコンピューターゲームがeスポーツとして脚光を浴びる時代だ。タブーを怖れず、考え、取り組むことが重要だ。

コロナ禍における競馬

競馬では面白い状況が起きていた。10月8日、友人の誘いで大井競馬場に出かけた。その時点では、地方競馬が入場再開して1か月ほど経っていたが、新型コロナウイルスへの対応はかなり慎重で、入場するにも抽選で指定席を購入する必要があった。大井競馬場に着くなり検温、消毒を行い入場したが、指定席は最大288名しか入れない上に、あいにくの雨で施設内はガラガラだった。何か食べよう、一杯飲もうと思っても開いているお店も限定的でアルコール類の販売も一切していない。指定された席はゴール正面の最前列だ。隣の人とのスペースはかなり空いている。スタンドを見渡してもガラガラだ。これだけの施設をこの入場者数で維持できるのだろうか。しかし、レースが始まると馬の着順と自分が買った馬券の照合に忙しく、競馬場の収支のことはすっかり忘れてしまった。何しろゴールを駆け抜ける迫力、スピード感には圧倒された。ふと野球場で感じた球音、サッカースタジアムで聞こえた蹴音を思い出した。そして、ここ競馬場では馬音、あるいは走音とでもいうのだろうか、

大井競馬場でも2020年2月27日に史上初の無観客競馬が開催された。（写真：日刊スポーツ／アフロ）

何か圧倒的なリアリティを感じた。

約6時間の滞在時間で夕食分程度の資金を獲得できたが、この間ほぼ飲まず食わずだった。やはりマッチデー収入がどれくらいだったのかは大いに気になった。この2日後、中央競馬も東京、京都、新潟で限定的に入場を再開した。3会場合わせて2500人弱とかなり絞ったようだが、それでも満員にはならず70％〜80％の入場者数だったようだ。この数字だけ見れば、野球、サッカーよりはるかに深刻な状況だ。しかし、野球、サッカーと競馬とではビジネスモデルがまったく異なる。野球、サッカーの試合当日の主な収入は入場料収入で、安いチケットを探せば2000円から3000円で購入できる。そこで購入したものはスタジアムにおける何らかの〝体験〟だ。その日1回限りの勝負の結果でサポーターの〝体験〟の満足度は大きく変わるが、試合結果をコントロールすることはできない。その他の収入は飲食とグッズ販売で当日の来場者一人あたりから得られる収入は平均5000円から1万円程度だろう。試合ごとに積み上げたマッチデーの収入は、前述の通りJリーグのクラブではクラブ収入の20%から30%、プロ野球の球団では40%程度となる。満員の、あるいは盛り上がりを見せるスタジアムはスポンサー収入や放映権収入にも影響するため、非常に重要な収入項目だ。

一方、競馬では、特別豪華な指定席を購入しない限り、入場券自体は200円程度で購入できる。200円で競馬場の広大な施設内で、出走前の馬やレースを間近で見ることができる。さらにお金さえ払えば、競馬場で賭ける、食べる、飲む、といった体験ができる。メインディッシュのレースは、勝負ごとなのでどの馬が勝つかわからないが、競馬新聞やネットの情報で着順を予想する行為そのものはかなり知的でとても楽しい。自分が買った馬券が当たるときもあれば外れるときもあるが、一攫千金のチャンスが1日に10回前後訪れる。競馬場で来場者は平均24000円使うと言われているが、その大半が馬券の購入だ。競馬のビジネスモデルは、レースそのものが最大の売り物というエンターテインメントだ。競馬法の関係で入場料を取らなければならないが、200円という料金設定を見てわかる通り、来て馬券を買ってもらうことが重要だ。そこでは、飲食販売も指定席の売上も付録のようなものだ。モデルとしてはカジノに近い。ラスベガスとかに行くとホテルの宿泊費はタダ同然だ。現場に来るための壁をなるべく低くして、長い時間カジノで遊んでもらうというビジネスモデルだ。競馬と異なる部分は、カジノでは、スロットマシーンやバカラといったギャンブルで稼いだお金をショーや、豪華な食事で満足度の高い消費を促すことだ。顧客の滞在期間中の収入を最大化するために様々なポートフォリオが組まれている。競馬は、以前からオンラインでも馬券の購入は可能だったが、今回のコロナ禍で競馬場には行けなかったこともあり、在宅でのオンライン購入率が一気に上がった。9月2週からのべ18日間にわたって行われた中山、中京開催の売上は前年比7％強増加した。10月10日に再開した後の売上は雨天にもかかわらず東京で8・5％、京都で11・5％増加している。10月25日の菊花賞の売上は前年比30％増だ。今年になってからのJRA全体の売上は落ちていないどころか、前年より年間で3・5％だが増加している。

この状況を見る限り、競馬場は、必ずしもビフォーコロナのビジネスモデルに戻す必要はないのかもしれない。むしろ、新しいビジネスモデルとして、馬音、走音、現場で聞くファンファーレ、疾走とゴールに駆け込む迫力を特別な体験として特定のファンに対して提供する。サイト内で馬や騎手、その他の情報、過去のレース映像、データを充実させ、一部課金化する。そして、馬券の購入自体はさらにネットにシフトさせる。これらの施策を徹底することで、これまで以上の収入が期待できるように思う。ある意味、コロナ禍におけるモデルチェンジの成功例だが、これを「競馬はギャンブルでスポーツではないから参考にならない」と見向きもしなくていいのだろうか。あるいは、検討すべきことの一つとして大いに参考とすべきなのか。この判断は、今後のスポーツビジネスの方向性と可能性を大きく変えるように思う。

かつて、スポーツビジネスがディズニーランドとの間で人々の可処分時間の取り合いという意味で競合になると思った人はそれほど多くなかった。しかし、現在ディズニーランドに限らずユニバーサルスタジオジャパンはじめ、あらゆるエンターテインメントはスポーツビジネスの競合になった。しかし、来場体験の満足度を最大化するためにディズニーランドのおもてなしは格好のベンチマークにもなった。

現時点で自分たちに関係がないと思っていても、そこに何らかのヒントを見つけたら先入観を捨て、まずは検討すべきだ。

他の成功モデルからの学びは常に重要だ。広い視野を持ち、スポーツビジネスを良い意味で都合よく再定義する時期が来た。

復旧か復興か

復旧とは元通りに戻すことだ。そして復興とは、元の賑わいを戻すことで、それは必ずしも以前と同じ状態にすることを意味しない。似たような言葉だが、ニュアンスはまったく異なる。コロナ禍のことで言えば、そもそも以前のような状態に戻るのだろうか？　元通りを目指すためだけの行動しかしないのであれば、元通りに戻らないときに取り返しがつかない状況になる。今回のコロナ禍によるスポーツビジネスの危機を一過性のウイルスによる自粛を原因として捉えるか、あるいは、これまでのファンをはじめとする人々の行動変容のきっかけになったと捉えるかで、その後の施策は大きく変わる。どちらか一方を選ぶORにする必要はない。現時点では、あらゆる可能性に対応するために球場、スタジアムに向かうファンの足を止める必要はない。

球音、蹴音、競技本来の迫力、緊張感を感じるために球場、スタジアムに向かうファンの足を止める必要はない。これまで以上の感染対策、スタジアムならではの競技志向の新しい充実体験を大いに味わうべきだ。たとえ、そこに訪れるファンの数がこれまでと比べて少なくなったとしても、スポーツの普及のための土台の構築を地道に続けていれば、必ずスポーツ本来の姿を楽しむファンの数は増えてくるはずだ。同時にタブーを怖れず、現状のSeesポーツのビジネスモデルを再定義することも重要だ。競馬では、レースをしている馬も馬を扱う騎手も、スポーツとして純粋に勝利を目指して真剣に走っているだけだ。そして、そのレースをビジネスの対象とする行為は別のことだ。真剣さゆえに起こる筋書きのないドラマを楽しむためのひとつの形なだけだ。

それを楽しむ多くの人たちで3兆5000億円という大きな市場が生まれている。

それでは、競馬や競輪など以外のスポーツでも、そこで起こる様々なドラマや、偶然性、その予測自体が人々の興味をそそることはないのだろうか？　八百長の温床になる、教育的見地から、依存症の懸念、法的根拠が不十分……反対する理由を探すことは簡単だ。最新のテクノロジーを活用すれば、八百長不可能な予測ゲームを作ることは可能だ。データを元に分析したり、予想したりすることは、これからの教育に必要ではないのだろうか。日本でも、海外のファンタシースポーツやスポーツベッティングのように、選手やチームの情報を集め、予想し、当たれば何らかの対価を得るような楽しみ方はきっと新たなファンを生み出すはずだ。スポーツビジネスの復旧、すなわち、コロナ禍の前の状態に戻すのは簡単ではないと思う。そうであれば、復興、つまり、これまでとは異なる方法で、かつての、あるいはそれ以上の賑わいを戻す方法を考えなければならない。今回、ベッティングやファンタシースポーツについて述べてきたが、その方法は他にもあるはずだ。スポーツビジネスの再定義という難しいテーマを議論するきっかけの一つになってもらえればと思う。

2020年6月末、Jリーグの再開と共に、Jクラブのトップチーム分析アドバイザーとしてJリーグの試合とデータのにらめっこをしている。

7月4日、関東大学サッカーリーグ戦が開幕し、毎週末、自分が指導に携わっている神奈川大学サッカー部の試合に帯同している。

この10月からは、京都の大学を対象に試験的に分析とテクノロジーについてオンラインゼミを始めた。スポーツとデータに囲まれた生活はすでに20年続いている。その間、色々な人と出会い、様々な経験をし、数えきれないほど多くの学ぶ機会を持つことができた。そんな自分の経験や学びを少しでも多くの人と共有したいという思いでこの本を書いた。この本を通して、スポーツのデータに興味を持つ人が少しでも増えたら嬉しい。そして、スポーツのデータ分析をきっかけに、スポーツ以外の分野におけるデータ分析に興味を持つ人が出てきたらそれも嬉しいに違いない。この本に出てきた指標に物足りなさを感じる人や異論を唱える人が出てきて、より良い指標が生まれるきっかけになれば、それこそ自分がもっとも望んでいたことだ。

　指導現場、分析、ビジネス、教育とスポーツの世界における様々な分野に長く携わっていて、ようやくわかってきたことがある。それは、スポーツが持つ価値は必ずしもスポーツの世界の中だけで輝くものではないということだ。スポーツを通してスポーツ以上に大切なことを学び、スポーツ以外の場でその学びを生かすことが重要なのだと気が付いた。

　スポーツが人を育て、人がスポーツを育てる。

　そんな大事な役割を担うスポーツだが、それがいつしか、必ずしも特別なものではなくなったとき、スポーツは文化として根付き、人が生きていく上でなくてはならない大切な存在になってくるはずだ。

エピローグ

2020年、神奈川大学体育会サッカー部で久しぶりに現場の指導に携わることになった。しかし、2月28日に行われたこの年最初の公式戦、神奈川県知事杯争奪戦を最後に部の活動が中止することになった。

その時点で再開の見通しは立っていなかった。

選手たちがグラウンドでボールを蹴ることができたのは、3か月の自粛期間を経た6月上旬のことだった。その3か月の間、オンラインでのトレーニング、指導者の勉強会、サッカー部として取り組んでいる様々な活動のミーティングが行われた。その一つにハイパフォーマンス部という約20名の部員が所属する試合分析のスキルを高めるための部会がある。そのハイパフォーマンス部の人材育成がこの期間の自分のミッションだった。

季節が二つ進んだ7月4日、多くの関係者の方々の多大な努力のおかげで、第94回関東大学サッカーリーグ戦が開幕することができた。

拓殖大学との開幕戦、1対9という試合結果に、今季県リーグから昇格したばかりの神奈川大学にとって関東大学リーグの壁はこうまで高いものなのかと痛感させられた。一体、どこにこれだけの点差がつくほどの差があるのだろう？　通用した部分はどこだったのだろう？　どこから改善していけばいいのだろう？　多くの「？」を一つずつ減らしていくためにコーチングスタッフ、ハイパフォーマンス部のメンバーとの分析のルーティンが始まった。

試合を映像で見直すと、折角マイボールにしたのにすぐに蹴って相手に渡してしまうプレー、人数は足りているのに味方同士で譲り合ってしまうプレー、1対9の試合結果を物語るかのような多くのネガティブな現象が次から次に流れてきた。見た目の印象だけでなくデータができていなかった事実を忠実に示していた。

相手のポゼッション率は60％を大きく上回り、パスが6本以上連続で繋がった回数は神奈川大学の4回に対し拓殖大学は27回だった。

さらに映像を見ていると、あるプレーに気がついた。スローインだ。

相手のスローインはいとも簡単に味方に渡り、そのボールが展開され、チャンスを作り出す。我々のスローインはほとんど味方に繋がることがなく、まるで相手へのパスだ。この日の神奈川大学のスローインは28回中成功はわずか7回、25％の成功率だった。一方、拓殖大学のスローイン数は25回中17回成功し、68％の成功率だった。

105m×68mという広いピッチの中でプレーしているとき、運の要素に頼らざるを得ないチームとそうでないチームとではは っきりと力の差がわかる。しかし、その差が縮まる瞬間がある。

スローイン、コーナーキック、フリーキックといった、リスタートのプレーのときだ。例えば、スローインが行われるときは、スローワーの周辺に多くの選手が集まる。広いピッチで自由にポジションチェンジを行っていた相手チームが自ら狭いスペースに集まってきてくれる。守備のときに外れてしまったマークすべき相手の選手を捕まえる絶好のチャンスだ。自分たちのスローインでボールを繋ぐことができれば、集まった周りにできた広大なスペースを効果的に使うチャンスになる。

我々は折角の機会を上手く使うことができていなかった。しかし、相手はスローインの場面においても効果的なプレーをしていた。この状況における差は、決してスキルの差ではない。想定可能な状況に対する準備の差だ。

その日のスローインの数は両チーム合わせて53回あり、1回のスローインに平均15秒程度かかっていた。スローインが行われる前の時間だけで約13分かかっていたことになる。その他のセットプレーは46回、平均約30秒かかっていたため合計で23分だ。この時間に選手交代の時間も加わる。

ピッチで展開されるサッカーの技術に差があったとしても、この36分プラスアルファの時間に対する取り組みによって少しでも相手との差を縮めることができないだろうかと考えた。この試合の経験が、サッカーにおける4つの局面に加え、実プレー以外の時間の取り組みも試合の勝敗に影響を与えるのではないかという仮説を立てたきっかけとなった。

試合前に必ず選手に尋ねる言葉がある。それに対し、どの選手からも同じ答えが返ってくくる。

「試合直前だけどみんなに俺がまず何を言うのかわかるかな?」

「スローインをはじめとするセットプレーの前、休むのではなく頭を働かせ次にどのようなプレーをすべき考えること」と。

若い二匹のおサカナが仲良く泳いでいる。反対側から泳いできた年上のおサカナがすれ違い際に二匹に声をかけた。

「おはよう、坊やたち、今日の水はどうだい?」

二匹のおサカナはしばらく泳いだ後、一匹がはっと我に返って連れにこう言った。

「いったい水って何のこと?」

これは、デヴィッド・フォスター・ウォレスという米国の作家が、2005年にオハイオ州で最も古いケニオンカレッジというリベラル・アーツ・カレッジの卒業式で行われた23分間のスピーチの一節だ。

我々の身の回りに存在する、あまりにありきたりの現実こそ、目で見ることも口で語ることも非常に難しいということを伝えるためのたとえ話だ。

例えば、現実の世界において「データって何?」と改めて聞かれた時にどのように答えるだろうか。尋ねられた人によってその答えはまちまちだろう。ウォレスの言葉を借りれば、それぞれの答えは、それぞれの人が初期設定として組み込まれている理解が元になっている。初期設定されてしまっているが故に自分自身のことも自分の考えについても批判的に見ることができない。

今、我々の周りには、たくさんのデータで溢れている。新型コロナウイルスに関連するデータだけでも感染者数、重症者数、死者数、病床利用率、地域毎、年齢別、男女別、などなど限りない量のデータが日々アップデートされる。

スポーツのデータもそうだ。

いつ、誰が、どこで、どのようなプレーをしたか、そのときの状況は、スピード、体勢、視野などさまざまな状況によって驚くほどのデータが生成されている。それらのデータをすべて見ることも、頭にいれることも不可能だしその必要もない。大事なのは量ではなく、何を考えるべきかを選ぶことだ。時に批判的な目で。

リベラル・アーツの真髄とでも言うべき、知識の量を増やすことではなく、ものの考え方、自分自身が確信していることを謙虚になり批判的な自意識を持つことが極めて重要な時代なのだと感じる。

関東大学サッカーリーグの開幕戦から4か月が経った11月8日、再び拓殖大学との試合が行われた。あの日と比べてポゼッション率が3%だけ高まった。前期27回もあったパスが6

本以上連続で繋がれてしまった回数は11回に減った。そして、スローインの成功率は、神奈川大学が76%、拓殖大学が53%と大きく改善された。その時点で首位だったチーム相手に試合結果は0－0の引き分けだった。

12月19日、リーグ最終戦の明治学院大学との試合に勝利し、ラスト4試合を4連勝でシーズンを終えた。前期3勝6敗2分け勝点11に対して、後期は6勝2敗3分け勝点21、後期だけなら3位の成績だ。クリーンシート（無失点で試合を終えること）の試合数10は関東リーグ最多、17試合連続セットプレーからの失点は無かった。チームの成長と後期の躍進は間違いなく選手たちの努力とそれをサポートした監督をはじめとするスタッフ、ハイパフォーマンス部のメンバー、選手の家族など関係者全員の共同作業の成果だ。そして、もしかしたら本来プレーしていないとされる時間帯への取り組みも少しだけ役立ったのかもしれない。

自粛期間中、1回2時間程度の分析塾を定期的開催した。そこでは、毎回テーマに沿った映像編集、データ分析等のアサインメントが出され、それを元に講義やディスカッションが行われた。20人のメンバーの誰もが真剣に取り組んでくれた。その中で毎回「おや！」と思うアウトプットを出すメンバーがいた。「おや！」の正体は選ぶ映像、その見せ方、データ、そして分析の視点と考え方だ。

そのメンバーはキャプテンとして、ピッチにおいて部員と指導者との橋渡しをするために、エビデンスベースで伝えることの必要性を感じて自分なりに色々工夫していたという。彼はプロ選手になることを目指していたが、残念ながらその夢は叶わなかった。しかし卒業後はJリーグのクラブでプロのアナリストとして次のステージに向かう。

「松本、今日の水はどうだ？」と尋ねてみよう。彼ならきっとこう言うはずだ。

「今日の水はとても澄んでいます。視界も良好だし、酸素も摂りやすいので体調もいいです。今日はいつもより遠くまでエサを取りに行ってきます！」

Special thanks

この本を書き始めた2020年4月に緊急事態宣言が発令されて以降、不要不急の外出を控え、多くの時間を家で過ごすことが増えた。しかし、そのことは執筆における情報収集の障害になることは無く、むしろより多くの新しい情報や知見を得る良い時間となった。

スポーツや歴史に関する書籍を改めて読み返す時間、オンラインセミナーへの参加、普段なかなか時間を合わせるのが難しい専門家たちとのミーティング、欧州のフットボール、アカデミーの分野の第一線で活躍する友人たちとのインタビューはこういう時期だからこそ可能だったのだと思う。

スポーツをその歴史、その当時の社会情勢から考察し、現状を理解するという視点は、スポーツマーケティングの第一人者だった広瀬一郎さんに生前事あるごとに話をしていただいたことだ。

STATS PERFORMにおいてフットボールプロダクトマネージャーを務めるイェン・メルヴァン(Jens Melvang)氏からはAIを含むフットボールを分析するための最新のソリュ

ーションについて、Ｈｕｄｌ社でDirector of Customer Solutionsの役割を担うエドワード・サリー（Edward Sulley）氏からは日本と欧州のトップクラブでのアナリストとしての経験と我々への提言を、ドイツブンデスリーグ、ブレーメンのテクニカルディレクター、トーマス・シャーフ（Thomas Schaaf）氏、スペインラ・リーガのデポルティーボ・アラベスのスポーツディレクターを務めるセルジオ・フェルナンデス（Sergio Fernandes）氏からはテクノロジー、データに関する彼らの考察とクラブでの活用状況を、そして『サッカーデータ革命――ロングボールは時代遅れか』著者の一人で、London School of Economics and Political Science Professor（ＬＳＥ）のクリス・アンダーソン（Chris Anderson）教授からは研究者の視点としてフットボールにおけるデータ及び分析の考え方、人とテクノロジーの向き合い方などについて多くの示唆をいただいた。

そのクリスと自分を繋いでくれたのは、当時ＬＳＥに在学中で自分と同時期に慶應義塾大学体育会ソッカー部でマネージャーを務めていた呉田幸子さんだ。

他にも、かつてデータスタジアム時代に一緒に仕事をし、その後独立し今や野球におけるデータ分析と研究のリーディングカンパニー株式会社ＤＥＬＴＡを設立した岡田友輔社長には野球の貴重なデータの提供のみならず、セイバーメトリクスの理解を深めるにあたって多大なご協力をいただいた。

また、四国アイランドリーグｐｌｕｓの運営のために多くの時間を四国で過ごしていたときからお付き合いさせていただいた国立大学法人徳島大学情報センター／デザイン型ＡＩ教育研究センター谷岡広樹助教授は、ＪＦＡ公認Ｃ級ライセンスの資格を持ち、サッカーへの理解も深いことから、第4章の〝サッカー版セイバーメトリクスへの挑戦〟を執筆するにあたりデータの統計処理を行っていただいただけではなく、モデル構築、データの解釈においてたくさんのアドバイスをいただいた。

「サッカーのデータ分析を徹底的に追及するために大学で勉強したい」

自分のセミナー終了後に、一人の高校生が話しかけてきた。自分の母校でもある暁星高校サッカー部の副将石村君だ。些細な縁で、彼の希望する研究について相談に乗ることとなった。その研究の過程において日本のサッカー界のデータ分析への取り組みについてのアンケートを行い、現状のプロの現場の考えを把握することができた。

鹿児島ユナイテッドＦＣがＪ2に昇格したときの記憶を呼び戻すために、当時監督を務め、現在は株式会社ＥＭＡ取締役社長を務める三浦泰年氏とは昇格を決めるまでのラスト5試合を1試合1試合丁寧に振り返る時間をいただいた。

執筆するに当たり、これまでの経験だけではなく、書いている最中にも新たな経験が積み重なっていった。毎週末に行われる試合のために様々な分析を行い、そこで浮かび上がった課題を解決するために現場で指導するという機会が持てたことは、自分の考えを整理し、指標を考えるために大いに役立った。このような貴重な機会は、神奈川大学体育会サッカー部の大森監督、指導スタッフ、選手。そして神奈川大学関係者の方々のご尽力によって与えていただいた。

その他、今回の出版元である東洋館出版社で編集をご担当いただいた吉村洋人さんはじめ、ここに書ききれないほどたくさんの方のご協力により自分が伝えたいことを詰め込んだ一冊の本が生まれた。

彼らが、これまで積み上げてきた貴重な研究、経験、そして知識を惜しげもなく話してくれ、協力してくれたことにこの場を借りて心より感謝の気持ちを伝えたい。同時にいつか自分がどこかで、誰かに何か頼まれることがあれば、そのときはできる限りの協力をしようと誓った。

【著者略歴】

森本 美行

もりもと・みゆき

1961年生まれ。92年米ボストン大学経営大学院でMBAを取得。2000年米国NASDAQで上場したasiacontent.com日本法人アジアコンテントドットコムジャパン（株）の代表取締役兼CEO。02年スポーツデータ配信や分析を行うデータスタジアム（株）の代表取締役に就任。16年には、日本初の野球独立リーグ四国アイランドリーグplusを運営する（株）IBLJの代表取締役及び（一社）日本独立リーグ野球機構の常務理事を務める。現在は、スポーツビジネスコンサルティングを行うfangate（株）の代表取締役とともに、（一社）日本スポーツマンシップ協会理事、複合型スタジアム「サンガスタジアム by KYOCERA の運営、管理を行う（同）ビバ&サンガのエグゼクティブアドバイザー、かめおかまるごとスタジアム構想策定委員や神奈川大学人文学研究所の非常勤研究員及び体育会サッカー部コーチなど多岐にわたり、教育、研究、指導、ビジネスと様々な面からスポーツをサポートしている。

装丁	水戸部 功
本文デザインDTP	ゴトウアキヒロ
イラスト	小林 哲也
校正	一木 大治朗
編集協力	鈴木 康浩
	太田 希
編集	吉村 洋人

アナリティックマインド

スポーツ新時代を導くデータ分析の世界

2021（令和3）年3月5日　初版第1刷発行

著　者　森本 美行
発行者　錦織 圭之介
発行所　株式会社 東洋館出版社
〒113-0021　東京都文京区本駒込 5-16-7
営業部　TEL 03-3823-9206 ／ FAX 03-3823-9208
編集部　TEL 03-3823-9207 ／ FAX 03-3823-9209

振替　00180-7-96823
URL　http://www.toyokan.co.jp

印刷・製本　岩岡印刷株式会社
ISBN　978-4-491-04400-2 / Printed in Japan